KB207052

당신이 오늘 읽어야 할 101가지 이야기

조명은 지음

하나님의 사람을 만들어 가는

당신이 오늘 읽어야 할 101가지 이야기

1쇄	2025년 3월 25일
지은이	조명은
펴낸이	이규종
펴낸곳	엘맨출판사
등록번호	제13-1562호(1985.10.29.)
등록된곳	서울시 마포구 토정로 222
	한국출판콘텐츠센터 422-3
전화	(02) 323-4060, 6401-7004
팩스	(02) 323-6416
이메일	elman1985@hanmail.net
	www.elman.kr

ISBN   978-89-5515-811-3 03230

값 18,000 원

세상에서 말하는 군자의 성품은
사실 예수님을 자기 삶의
임금과 구주로 영접하여
거듭난 크리스천의 모습이다.

그러므로 크리스천의 삶은
과거뿐만 아니라
현대의 가정과 국가,
사회 어느 곳에서든지
절대적으로 필요로 한다.

서문

　아무리 좋은 글과 말이라도 적절한 시기에 사용되지 않으면 그 진가를 알기 어렵다. 그래서 잠언에서도 '경우에 합당한 말은 아로새긴 은쟁반에 금사과니라'고 말하곤 한다.

　우리 삶에는 귀중하다고 여겨지는 것들이 셀 수 없이 많다. 어디에서나 용기, 사랑, 절제와 같은 덕목이 필요하고 행복과 성공은 인류가 생활한 이래로 가장 많이 언급되는 가치이다. 그래서 이런 것들에 대한 격언이나 잠언도 그 깊이를 알 수 없을 만큼 방대하다.

　그럼에도 불구하고 사람들은 지혜로운 사람이 되지 못하고 늘 같은 자리를 맴돌곤 한다. 왜냐하면 많은 지식과 길이 있어도 올바른 순간에 올바른 관점으로 받아들이지 못하기 때문이다.

　그래서 필자는 33년 넘게 하나님 앞에 충실히 교수로서 또 목회자로서 사역을 해온 시간 동안 하나님의 은혜로 알게 된 인생의 진리와 지혜들을 책으로 엮게 되었다. 그리고 가장 필요한 순간에 읽고 마음에 새겨볼 수 있도록 다양한 예화들을 참고하여 이해를 더하였다.

가장 필요하고 중요한 지혜는 단순한 설명 속에 들어있기에, 가벼운 마음으로 책을 읽기 시작하더라도 책을 덮을 때쯤에는 한층 묵직해진 마음이 들길 바란다. 또한 독자의 편의를 위해 책을 1-4부로 나누어 101개의 수필을 담아보았다.

끝으로 본서가 출판되도록 허락하신 하나님께 모든 영광을 드립니다. 꼼꼼하게 교정을 봐주신 유영호 박사님과 출판해주신 이규종 사장님, 격려와 힘을 보태준 아내와 두 딸에게도 감사드린다.

2025년 2월 관악산 끝자락에서

목차

제1부

만남

만남

인생의 수레바퀴

인생은 죽을 때까지 만남의 역사 가운데 살아가는 실존들이다. 아리스토텔레스(Aristoteles)는 "인간은 사회적 동물이다"라고 말했다. 이 말은 인생이 만남을 통해서 사회를 이루고 그 사회 안에서 서로 관계를 가지며 역사를 창조하는 가치 있는 삶과 책임적 실존으로서 살아가는 존재라는 것이다.

역사 안에서 사는 모든 인간은 만남과 이별이라는 회자정리(會者定離)를 통해 성공과 실패의 삶이 이어진다. 어떤 만남은 성공적인 삶이 되지만 어떤 삶은 실패의 삶을 가져오기도 한다. 만남은 선한 만남이든지 악한 만남이든지 우연이 아니라 필연적 수레바퀴이다. 그러므로 만남은 신학적 용어로 하나님의 기적(Miracle of God)이라고 한다.

만남의 필연성(하나님의 기적)

만남은 기적이며 필연의 연(緣)이다. 먼저 시간상으로 생각해 보자. 지금은 서력으로 2000년대의 시간을 가지고 있는 시기이다. 한반도라는 같은 공간에 있는 사람일지라도 서기 100-200년 전인 사람과 서기 2000년대에 사는 사람은 전혀 인연이 없다. 단지 역사라는 기록 속에 선조라는 역사적 사실과 인식뿐이다.

그들은 우리가 사용하는 문화가 철저하게 다르다. 그리고 생활하는 방식도 또한 전혀 다르다. 그 당시 사람들은 지금의 테크노 음악과 컴퓨터가 무엇인지 전혀 모르고 사는 자들이었다. 지금의 우리와는 전혀 다른 문화이며 무관한 사람들인 것이다.

공간이라는 역사성에서도 마찬가지다. 즉 같은 2000년대에 살고 있다 할지라도 유럽 사람과 한국 사람인 우리와는 전혀 만남과 이해관계가 없이 이 시대를 같이 살아가고 있을 뿐이다. 그리고 때가 되면 죽음에 이르는 실존에 지나지 않는다.

우리는 대한민국에서 2000년대라는 시간성과 공간성의 십자적인 만남 속에 있다. 지구의 75억이 넘는 인구 가운데 우리가

만나는 사람들은 얼마나 될까? 2000명 쯤 될까. 아마 정확하게
알고 지내는 사람이 500명도 아니 될 것이다. 이것을 생각한다
면 우리는 우리가 만나고 있는 사람들은 소중한 만남인 것이다.
만남은 기적이며 필연이다.

만남의 형태와 결과들

우리 인생은 일생을 통해서 3번의 중요한 만남이 있다. 먼저
제1의 만남은 하나님의 섭리와 예정 속에서의 출생을 통한 부
모와의 만남이다. 어린 시절부터 이루어지는 부모와의 교감(交
感)은 한 사람의 생애에 큰 영향을 끼친다. 부모를 통하여 배울
점이 있기도 하고 극복할 점이 생기기도 하기 때문이다. 그러므
로 부모와의 만남을 제1의 만남으로 칭하여도 무방할 것이다.

제2의 만남은 배우자와의 만남이다. 성경 창세기 2장 24절에
"남자가 부모를 떠나 그 아내와 연합하여 둘이 한 몸을 이룰지
로다" 라고 말하고 있다.인간의 육과 정신이 성장하여 부모를
떠나 자신의 반려자를 만나는 것은, 그의 인생의 성패를 좌우하
는 중요한 만남이다.

제1의 만남이 좋아 풍요로운 인생을 출발했다 할지라도 제2의 만남이 잘못된 자는 그 인생이 불행하다. 기원전 로마 공화정 말기에 전 로마를 삼두정치로 통치했던 안토니우스(Antonius)가 이집트 여왕인 클레오파트라와 불륜으로 만나지 않았다면 옥타비아누스(Octavianus)에게 로마를 빼앗기지 않고 또한 자신의 목숨도 잃지 않았을 것이다.

자신의 반려자이며 배우자를 잘 만나는 것은 인생을 풍요롭게 할 것이다. 나아가 성공적인 삶으로 이어갈 확률이 높다. 함부로 자신의 감정적인 마음으로 배우자를 쉽게 결정하는 어리석음을 피하는 것이 좋다.

제3의 만남은 참된 스승과의 만남이다. 인생의 있어서 가장 중요한 만남이다. 제1과 2의 만남이 인생에 있어서 육신의 번영과 생의 풍요로움을 제공해주는 만남이라면 제3의 만남은 참되고 진실한 진리, 참된 가치관, 세계관을 알게 해주는 만남인 것이다.

플라톤이 유명한 철학자가 된 것은 우연한 일이 아니다. 그는 수사학, 기하학 등 많은 학문을 한 이후에 인생의 궁극적인 목적을 찾고자 철학자 스승을 찾아다녔다. 한번은 시장에서 어떤 노인이 환한 대낮에 세상이 어둡다 하며 시장을 돌아다녔다. 그때 플라톤은 그 노인 앞에 나가서 "스승님 저를 거두어주십시오" 하며 그 문하생으로 들어갔다. 그 노인이 바로 소크라테스(Socrates)였다. 소크라테스와의 만남을 통해 플라톤은 동서양에서 인정받는 유명한 철학자가 된 것이다. 참된 스승을 만난 자는 인생의 참 진리를 알고 그 진리를 위해서 세상을 살아가게 된다.

성경에 보면 위대한 스승을 만난 한 젊은이가 있다. 사울이라는 청년이었다. 이 청년은 진리의 기독교를 전파하는 자를 잡아서 적지 않게 죽이는 악독한 자였다. 그는 기독교인을 탄압하다 예수를 인생의 주(主)요, 스승으로 만나게 된다(행9:4).

사울은 이후에 새로운 사람으로 태어났다. 바울로 이름을 개명하고 죽을 때까지 기독교 복음을 전하고 선교하다가 예수를 위해 순교하였다. 오늘날 기독교가 세계적인 종교로 확장되고 많은 이방인들이 예수를 알게 된 것은 바로 바울의 헌신 때문이었다. 어떠한 스승을 만나느냐에 따라서 인생에는 커다란 결과가 주어지는 것이다.

만남은 신의 소명이다.

우리 인생은 한번 왔다가 천국으로 가는 실존들이다. 죽음의 강을 건널 수밖에 없는 유한자들이다. 유한한 이 땅에서 사는 동안 우리의 삶은 늘 만남의 연속임을 잊지 말자. 부모와 배우자의 좋은 만남을 이루고 나아가 인생의 영원한 스승이신 예수 그리스도를 만남은 우리 자신이 이 땅에서 실존하는 가장 중요한 목적이며 하나님의 역사적 소명이다. 인생을 살아가며 좋은 만남을 통해 역사를 창조하자.

군자 유삼락(君子有三樂)

군자(君子)는 학식과 덕행(德行)이 높은 사람을 뜻한다. 선비적이고 군왕적인 자세가 바로 군자의 모습이다. 선비적이라 함은 자신에 있어서 항상 외유내강(外柔內剛)하여 야인(野人)으로 있지만 선행과 바른 정신을 가진 사람이다. 군왕적이라 함은 관직에 있지만 백성을 포용하고 아량을 베푸는 어버이 같은 덕을 가진 이를 말한다.

군자는 자기의 작은 이익을 위해 사는 소인배(小人輩)같은 사람이 아니며, 공평(公平)과 대의(大義)를 위해 살아가는 사람을 말한다. 즉 군자는 대의를 위해 사는 사람이므로 작은 길로 다니는 것이 아니라 큰길로 걸어가는데 이를 군자대로행(君子大路行)이라고 한다.

군자는 개인의 선과 이익보다는 공동선(公同善)을 위해 살며 자신의 허물을 발견하면 바로 고치는 자라 하여 이를 군자표변(君子豹變)이라고 한다. 군자는 그 마음이 한없이 넓어서 함부로

남을 비방하지 않는다 하여 군자교절불출악성(君子交節不出惡
聲)이라 한다. 즉 남과 절교를 한 뒤에도 그 사람에 대하여 악평
을 하지 않는 사람이 바로 군자의 모습인 것이다.

군자는 항상 대의와 천명(天命)에 귀를 기울이는 사람이며 대
승적인 모습으로 삶을 전개해 간다. 맹자(孟子, B.C.372-289)
는 〈진심편(盡心篇)〉에서 군자에게는 세 가지 즐거움이 있다고
하였다. 이를 군자 유삼락이라고 한다. 첫째 즐거움은 양친이
다 살아 계시고 형제가 무고한 것이요[父母俱存 兄弟無故(부모
구존 형제무고)], 둘째 즐거움은 우러러 하늘에 부끄러움이 없
고 구부려 사람에게 부끄럽지 않은 것이요[仰不愧於天 俯不作
於人(앙불괴어천 부부작어인)], 셋째 즐거움은 천하의 영재를
얻어서 교육하는 것이다[得天下英才 而敎育之(득천하영재 이교
육지)].

반면 중국의 공자는 《논어(論語)》〈계시편(季示篇)〉에서 '손해
가 되는 세 가지 좋아함 [損者三樂(손자삼요)]'을 말함으로써 군
자가 경계해야 할 세 가지를 말했다. 즉 첫째는 교락(驕樂:방자
함을 즐김)을 경계하는 것이요, 둘째는 일락(逸樂:놀기를 즐김)
을 멀리하는 것이며, 셋째는 연락(宴樂:주색을 즐김)을 경계할
때 군자의 길을 가게 된다고 했다. 군자는 수신제가(修身齊家)

를 통해 바른 치국(治國)으로 세상을 평화롭게(平天下)하기 위해 하늘의 소명을 받은 사람이다.

　요즘은 세상이 혼탁하고 모든 질서가 자꾸만 무너지는 시대로 자신의 이익만을 위해 사는 사람이 많다. 교육은 사람을 참된 인간으로 만드는 작업이 아니라 돈 버는 기능인으로 만드는 것이 오래된 일이다. 종교 역시 참다운 사람, 즉 군자로 만드는 것이 아니라 종교 행위를 잘하는 습관적 기복인(祈福人)으로 만든 지 오래이다.

　우리에게 세상의 빛이요 소금이 되라고 말씀하신 성경의 말씀처럼 군자유삼락을 교훈으로 삼아 우리의 모습을 군자로 다듬어 보자.

반문농부(班門弄斧)

팔방미인(八方美人)이라는 말이 있다. 이 말은 본래 의미로는 먼저 완벽하게 아름다운 미인을 지칭할 때이다. 또 하나는 여러 방면에서 능통한 사람이라는 측면에서 긍정적인 의미로 사용되고 있다.

그러나 부정적인 의미로 쓰이는 경우가 있는데 이는 잘난 척하는 사람을 비꼬아서 하는 말로 사용되기도 한다. 잘난 척하는 첫째 요소는 누구에게나 자신을 잘 보이려고 처세하려는 사람을 말하며, 두 번째로 여러 방면에 아주 얕은 지식을 가지고 있는 사람을 조롱할 때 쓰는 말이다.

우리는 주위에서 자신을 잘 보이려고 노력하는 부정적인 팔방미인을 많이 볼 수 있다. 얕은 지식으로 자신이 진짜 전공자인 것처럼 말과 혀로 거짓을 행하는 자가 많이 있다. 이는 마치 선무당이 노련한 무당으로 위장하는 것과 같다. 이러한 행위를 하는 자를 가리켜 반문농부(班門弄斧)라고 말한다.

이 말의 유래는 노(魯)나라 사람인 반수(班輸)라는 사람에게서 나온 말이다. 여기서 반'(班)은 '나눌 반'이라는 뜻이지만 '반수'라는 말은 사람을 일컬을 때 쓰는 말이다. '농'(弄)은 '희롱할 농'이며 '부'(斧)는 도끼 부이다.

옛날 중국에 반수라는 사람이 있었는데 그는 도끼를 비롯하여 각종 병장기를 잘 만드는 장인이었다. 특히 그는 손도끼를 만드는 재주가 뛰어났다. 사람들은 '도끼를 가지고 반수의 집 대문 앞에서는 감히 자랑하지 말라고 한다. 그것은 반수의 앞에서는 어떠한 도끼도 가소로운 것이 된다는 암시이다. 다시 말해 공자 앞에서 문자를 쓰는 것과 같은 것이며 번데기 앞에서 주름을 잡는다는 말이다. 자신의 가진 지식과 분수를 모르고 잘났다고 착각하는 사람의 모습을 비꼬아 말할 때 쓰는 고사성어가 반문농부이다.

요즈음 자기 분수와 실력을 정확하게 판단하지 못하며, 자신의 외형을 포장하고 있는 가짜들이 상당히 많이 있음을 발견할 수 있다. 정치판은 물론이고 경제계 학계에서 가짜들이 인맥과 돈으로 자신의 위치를 세워가고 만들어 가는 사람들이 심심찮게 발견된다. 게다가 가장 깨끗하고 모범이 되어야 할 종교계에서도 반문농부하는 사람이 상당히 있다.

자신의 잔재주를 버리고 자신이 행할 수 있는 진정한 달란트를 찾아가는 것이 진짜 팔방미인이 되는 조건일 것이다. 아울러 신(神)이 주신 달란트(분수)로 주어진 자기 한구석을 묵묵하게 지킬 때 신(神)이 주신 참 양심을 회복하는 것이며 가짜로부터 해방된다.

목적과 목표

목적과 목표는 동색이다. 목적은 거시적인 일을 이루려는 마음의 결정이며, 목표는 그 목적이 세워진 후 세부적인 계획을 행동으로 정하는 마지막 순서이다. 목적이 정체성을 완성하는 것이라면 목표는 실존의 구체화이다. 그러므로 목적이 뚜렷하면 목표도 동시에 이루어진다.

우리 인생의 목적은 무엇이며 목표는 무엇일까? 목적은 "하나님을 영화롭게 하며 그분을 영원토록 기쁘게 하는 것"이다. 목표는 그분을 영화롭게 하기 위해 개인이 예배드리고 말씀에 순종하고, 전도하며, 이웃을 사랑하라는 것을 구체적으로 설정하여 실천하는 행위이다.

이처럼 삼라만상의 모든 만물도 고유한 목적과 목표를 가지고 있다. 목적이 분명한 자는 목표가 정확하다. 그래서 목적이 있는 존재는 완전한 목표를 세우며 좋고 결실의 결과로 전진한다. 그래서 목적과 목표가 분명한 사람은 항상 승리하며 인생을 사랑한다.

게르만의 한 황제가 나이가 들어 자신의 세 아들에게 제위를 물려주려고 했다. 황제는 가장 알맞은 사람을 찾기 위해 함께 사냥을 나갔다. 사냥터에 다다르자 그들 앞에 거대한 나무가 나타났다. 그리고 그 나뭇가지에는 커다란 독수리 한 마리가 있었다.

그때 황제는 세 아들에게 "너희들 앞에 무엇이 보이는가?"라고 각각 물었다. 첫째 아들이 대답했다. "파란 하늘과 나무가 보입니다." 둘째 아들은 "거대한 나무와 가지 그리고 그 가지에 앉아 있는 독수리가 보입니다."라고 말했다. 황제는 매우 실망한 눈초리로 두 아들을 바라보았다. 마지막으로 셋째 아들에게 물으면서 "너는 무엇이 보이니?"라고 묻자 셋째는 "독수리의 두 날개와 그 사이에 있는 독수리의 가슴이 보입니다."라고 말했다. 그러자 황제는 막내에게 "빨리 그곳으로 화살을 쏘아라."라고 말했다. 막내의 화살은 곧바로 날아갔고 독수리의 가슴에 명중했다. 황제는 분명한 목적과 목표를 가진 셋째를 칭찬하며 기뻐했다.

왕궁으로 돌아온 황제는 곧바로 제위를 그 막내에게 물려준다는 칙령을 반포했다. 모든 제국이 셋째 왕자에게 돌아간 것이다. 막내에게 황제직이 계승된 이유는 막내가 "목적"과 "목표"를 정확하게 가지고 있었기 때문이라고 선포했다.

황제가 산에 사냥을 나온 목적은 바로 짐승(독수리)을 잡는 것이었다. 그리고 그 독수리를 발견한 이후에 가슴을 화살을 날리는 것이 바로 목표였다. 그 일련의 과정을 막내가 정확하게 수행한 것이었다. 작은 사냥도 분명한 목적과 목표가 있다. 하물며 커다란 국가를 운영하고 통치하는 일에는 더욱 정확하고 온전한 목적과 목표가 있는 자가 제위에 올라야 한다는 것이 황제의 생각이었다.

이처럼 "목적"과 "목표" 가 분명한 사람은 정체성을 가진 사람이며 이 땅에 실존할 명분을 갖는 자이다. 고단한 인생 속에도 뿌듯하고 시원한 순간이 오는 것은 바로 목적과 목표의식이 분명할 때이다. 나에게 있는 현재의 삶 속에 주어진 목적과 목표를 바로 이해하고 그것들을 이행할 때 아름다운 삶을 진행할 수 있다.

허수아비

허수아비(a scarecrow)는 곡식을 해치는 새나 동물을 퇴치하기 위해 막대기나 짚으로 사람 형태를 만들어 놓은 것을 말한다. 허수아비는 모양은 사람 같으나 실상은 사람이 아니라 사람처럼 보이게 하는 속임수이다. 그 속임수로 새들을 교란시켜 곡식을 보호하며 알곡을 지키려는 사람들의 잔꾀이다.

처음에는 새들이 속아 도망갔으나 요즈음은 좀처럼 속지 않고 오히려 더 극성을 부린다고 한다. 그래서 요즈음 시골의 농부들은 움직이는 사람 형태인 허수아비를 많이 배치하여 좀 더 나은 참새 퇴치를 달성한다고 한다. 그렇지만 참새들도 지능이나 경험이 발달하여 도무지 허수아비를 두려워하지 않는다고 한다. 오히려 사람을 비웃듯 곡식을 망가뜨리고 있다고 한다. 미물인 참새에게도 허수아비는 말 그대로 허수아비가 된 것이다.

참새에게 비웃음을 받는 허수아비처럼 스스로 주관적인 생각을 갖지 못하고 행동하는 사람도 허수아비 인생이다. 이는 누군가에게 조종되어 실권이 없이 무늬와 형태만 있는 사람이다. 자신의 자주성을 상실한 채 누군가에 의해 끌려다니는 삶이 허수아비 인생이다. 이러한 자를 가리켜 '허사비'(무늬만 있는 사람의 형태를 가진 자) 또는 '허아비'(형태로는 사람 같으나 실제는 실권이 없고 쓸모없는 자)라고 한다.

또 다른 허수아비는 진리와 정의에 인생의 목적을 둔 것이 아니라 권력에 갖은 아부와 눈치 보기, 나아가 기회주의로 가득 찬 자들이다. 이들은 일반적인 가치 판단에 있어서 확고한 양심과 지고한 지성에 둔 판단이 아니라 잘못된 공동체의 공론이나 전체적인 여론에 끌려 정치적 행동을 하기도 한다.

혹은 삶의 목적이 포스트모던(post-modern) 사상으로 가득 찬 허수아비 인생도 있다. 이는 삶의 좌표가 어떤 상황에 따라 바뀌는 것으로 전통적인 방식이나 기독교적인 가치관이 결여된 자이다. 세속적 가치와 잘못된 이성(異姓)에 예속되어 자신의 정체성(identity)을 잃어버린 자이다. 이들의 공통점은 바람에 나는 들판의 허수아비처럼 춤추듯 요동치는 삶의 방식이다.

같은 남자를 아내로 여기는 게이(gay), 같은 여자를 남편으로 여기는 레즈비언(lesbian), 미술을 음악이라고 말하며, 음악은 연극이라고 하는 사상도 허수아비 인생이 지니는 특징이다. 종교에서도 불교와 기독교의 구원은 다 같은 것이라 주장하는 혼합주의와 종교 다원주의 사고(思考), 신을 부정하는 종북, 막시즘 등등은 뚜렷하고 분명한 경계선을 허물어버리는 사상이다. 무서운 일이며 허무한 일이다.

인생의 참 목적과 여정을 알지 못한 사상이나 이론에 빠진 자는 불행한 자이다. 자신의 주관적인 이성과 경험, 상황만이 진리이며 그 외 것은 다 비진리라고 말하는 것은 허수아비이며 슬픈 인생이다.

인생 허수아비에서 벗어나는 유일한 길(道)은 진리 안에 들어가는 것이다. 성경은 '진리를 알지니 진리가 너희를 자유케 하리라'(요8:32) 했다. 들판 허수아비를 비웃는 참새보다 인간은 위대하다. 이는 하나님의 형상으로 창조되었기 때문이다. 진리 안에서 의롭고, 진리 위에 굳게 선 사람이 되는 것은 아름다운 것이며 행복한 인생이다.

공감(共感)

공감은 남의 의견이나 생각, 주장, 논설 등에 대하여 자신도 전적으로 동감(同感)을 표시하는 마음의 상태이다. 또는 감정적으로 느끼는 기분과 함께 타인의 희노애락(喜怒哀樂)에 공통된 느낌을 갖는 것을 말한다. 예를 들어 "지금 흘러나오는 음악이 나를 얼마나 슬프게 하는지 몰라, 너의 말에 내 마음도 슬픈 마음을 억제할 수가 없어"라는 감정의 공유이다.

공감은 동물에서도 가끔은 나타나고 있으나 인간에게 전형적으로 나타나는 심리 현상이다. 공감은 이성적인 작용은 물론 감성적인 면이 강하게 전달된다. 전달된 감성의 공유를 심리학에서는 '감정이입'(Empathy) 이라고 한다. 감정이입은 자신의 감정을 투시하여 상대방의 감정과 똑같이 이해하는 심리체계로 거의 상대방과 같은 마음의 상태를 가지는 공감이다.

이러한 마음의 공감은 경기장에서 흔히 나타나고 있다. 운동선수가 운동장에서 경기할 때 선수의 맥박과 호흡이 급격히 올라가며 흥분하게 된다. 그런데 밖에서 경기를 지켜보는 코치도 선수와 같이 맥박이 올라가고 호흡이 거칠어지며 흥분한다고 한다. 코치가 선수보다 훨씬 많은 변화의 수치가 나타나고 더 흥분한다는 것을 스포츠 의학에서 발견한 것이다.

이는 선수의 감정이 코치에게 자연스레 전달되고, 코치는 또 그에 맞게 감정이입을 통해 선수에게 공감하는 과정을 보여준다. 이렇게 공감이 잘 이루어질수록 경기가 더욱 잘 풀리거나 경기 진행의 컨디션이 좋아진다고 한다. 스포츠라는 격렬한 운동의 자극을 통해 선수와 코치는 보이지 않는 심리적 공감을 하는 것이다.

감정의 공감은 보이지 않게 전달되는 텔레파시를 통해 송출하며 상대방에게 똑같은 감정을 전달하는 체계를 가지고 있다. 공감(共感)은 인류에게 있어 언어적 의사전달(communication) 못지않게 세밀하게 전달되는 신(神)의 부산물이다.

그러나 이 공감에는 육체적 공감뿐만 아니라 영적 공감이 크게 작용하고 있음을 아는 지혜가 필요하다. 바로 성도와 예수 그리스도 간의 공감이다. 예수는 2천 년에 오셔서 인류의 죄와 아픔 그리고 죽음을 대신하여 십자가에서 우리를 위해 몸소 체

휼하신 분이다. 즉 우리의 모든 감정을 이해하시고 영적 공감의 완성을 이행하셨던 분이다.

　지금도 하나님의 보좌 우편에 앉아 계신 예수는 경기하는 선수를 바라보는 코치처럼 우리의 모든 감정을 그대로 이입하시며 뜨거운 사랑으로 우리의 모든 감정을 공감하시며 지켜보시고 있다. 아름다우신 주님과 항상 공감하는 감정이입의 신앙과 삶의 지혜를 가지자.

욕심(慾心)

욕심은 자기에게만 이롭게 하려는 이기적인 마음(selfish-ness mind)을 말한다. 욕심은 탐하는 마음에서 출발하는 것이며 분수에 지나치게 하고자 하는 마음이다. 그러므로 욕심이 지나치면 문자 그대로 욕(慾)을 당할 수 있다. 무언가 부족함을 채우고자 하는 선한 욕구 즉 욕망(慾望, desire)은 바람직하지만 지나친 욕심은 사람을 비참함에 이르게 하며 심지어 죽음에 이르게도 한다. 성경은 "욕심이 잉태한즉 죄를 낳고 죄가 장성한즉 사망을 낳느니라"(약1:15)고 한다. 맞는 말이다. 자연에도 이러한 법칙이 적용되고 있다.

팔레스타인(Palestine)의 헤르몬산과 레바논 산맥에서 발원되는 요단강은 세 개의 호수를 이루면서 남으로 흐른다고 한다. 세 호수는 '훌라'(Hulla), '갈릴리'(Galilee) '사해'(Dead sea)이다. 갈릴리와 사해는 겉보기에는 둘 다 아름답다. 그러나 갈릴리 호수는 민물 담수로 물고기가 많지만, 사해는 생명체가 살 수 없을 정도로 염수(鹽水)이다. 즉 문자 그대로 사해(死海)이다.

그 이유는 갈릴리 호수는 물을 위에서 받아 요단강으로 흘려보내지만 사해는 강물이 흘러 들어갈 뿐, 흘러나가지 못함으로 인하여 물이 죽어가는 것이다. 즉 받을 것만 생각하지 주는 것을 소홀히 할 때 죽는다는 평범한 진리이다.

인생은 욕심을 버리려는 마음, 즉 용기(勇氣)를 가질 때 올바른 길을 가게 된다. 용기는 용맹스러운 심성이며 마음을 새롭게 하는 기운이다. 플라톤은 용기를 사원덕(四元德) 중에 하나로 제3의 덕이라고 했다. 이성적 부분의 제 1덕을 지혜(sophia)라고 하며, 정욕을 죽이는 제 2덕을 절제(sophrosyne)라고 했다. 이 두 가지는 이성이라는 지성에 근거를 둠으로 혜지(慧知)라 한다. 반면 용기는 이성의 명령에 복종하여 욕심을 억압하는 행위의 덕으로 실천하는 기개(thymoeides)라고 하며, 사람이 용기를 가질 때 제 4덕인 정의(dikaiosyne)를 행하게 된다는 것이다. 플라톤은 사람이 지혜, 절제, 용기를 가질 때 철인(현자)의 경지에 이르며, 세상의 정의가 실현되어 바른 삶이 이어진다고 한다. 욕심이라는 악덕을 절제와 용기를 통해 과감하게 잘라낼 때 인생은 맑은 경지에 이르게 된다.

모 일간지에서 '달에서 바라본 지구'라는 파란 사진이 실렸다. 파란 지구는 너무나 아름다웠다. 오색찬란한 대지와 파란 바다가 있는 지구는 말 그대로 완전한 예술품이었다. 그러나 아름다운 지구 안에는 엄청난 일(전쟁, 테러, 재난, 병)들이, 또한 상상하기조차도 싫은 슬픈 일들이 일어나고 있다. 지구는 아름답고 우아하게 존재하고 싶지만, 인간들에 의해서 더럽혀지고 있다. 인간의 욕심 때문이다.

인생의 하찮은 욕심을 절제와 용기로 바꿀 때 지구(地球) 속에 자리한 세상은 아름다운 모습으로 회복한다. 불의와 탐욕으로부터 멀리하려는 용기는 찌그러진 인생을 회복시키는 덕이요 기운이다. 욕심을 버리고 용기를 마음에 담을 때 인생에는 자유가 온다. 마음과 영혼에 지혜와 절제 그리고 용기가 가득 채워질 때 신(神)의 정의가 이 땅에 가득해질 것이다.

인간의 행복은 저 멀리 있는 것이 아니다. 욕심을 버리는 용기를 마음속에 담을 때이다. "무릇 지킬만한 것보다 더욱 네 마음을 지키라 생명의 근원이 이에서 남이라"(잠4:23)고 성경은 교훈한다. 신선한 영혼으로 돌아가는 지혜로운 자가 되자.

뚱딴지

뚱딴지라는 말은 이름 그 자체처럼 엉뚱하게 존재하는 단어이다. 즉 명사와 동사가 같이 쓰이는 단어이다. 명사로서의 뚱딴지는 엉겅퀴에 속하는 다년초로 키는 2m 정도로 큰 나무이다. 해바라기와 비슷하나 약간은 작다. 잎은 달걀 모양으로 가장자리에 톱니가 있고 여름에 해바라기처럼 노란 꽃이 핀다. 땅속에 있는 줄기는 감자같이 생겨서 많은 잔털이 나 있고 한 번에 많은 줄기 열매가 열리는 나무이다. 뿌리 모양은 감자 같으나 전혀 감자와 맛이 다르다. 외모는 해바라기 모양이지만 해바라기 같지 않게 다른 꽃을 피우는 나무이다.

남쪽의 전라도나 경상도에서는 이 식물을 돼지감자라고 하며 또는 키가 크다고 해서 대감 나무라고도 한다. 이 나무에 뚱딴지라는 별명이 붙여진 것은 바로 이 식물의 이중성에 있다는 것이 식물학자들의 지론이다. 즉 감자 같은 줄기 열매가 있지만 감자 맛이 전혀 나지 않으며, 해바라기같이 보이지만 해바라기와는 전혀 다르다는 엉뚱한 점에 이름의 의미가 있기에 뚱딴지라는 것이다.

한편 동사로 사용되는 뚱딴지는 "존재나 인격에 비해 엉뚱한 말과 이중적인 행동을 할 때 뚱딴지같다고 일컫는" 말이다. 뚱 딴지라는 말은 엉뚱한 식물의 용태에 의해 동사적인 의미로 사 용되어 엉뚱한 사람이나 엉뚱한 행동을 하는 것을 일컬음으로 그 유래가 생겨났다. 용모나 인격이라는 정체성으로 보아 이상 한 말과 행동을 할 수 없는 사람인데도 불구하고 진행할 때 뚱 딴지같은 사람이라고 한다.

뚱딴지같은 사람은 평상시 또는 위기에 엉뚱한 짓을 하여 사 람을 놀라게 한다. 그 자신과 공동체를 위험에 처하게도 한다. 뚱딴지같은 사람을 만날 때 이렇게도 할 수 없고 저렇게도 할 수 없는 난처한 경우에 처하기도 한다. 그 이유는 뚱딴지같은 행동은 엉뚱하고, 이중성을 가짐으로 인하여 비겁하고 야비한 태도가 나타나기 때문이다. 한 예를 살핌으로 이해를 얻고자 한다.

자타(自他)가 인정하는 신앙이 좋은 두 명의 유대인이 있었다. 이들이 사업차 항해하던 중 그만 배가 파손되어 적지 않은 사람 들이 죽고 두 사람만 살아남게 되었다. 판자 조각에 겨우 의지하였으나 사방 어디를 봐도 망망한 대해(大海)뿐이었다.

　한 유대인이 간절히 기도했다. "오! 하나님 만약 저희를 구해만 주신다면 저희 재산의 반을 하나님께 바치겠습니다." 하지만 기도 후에 아무런 구원의 희망이 보이지 않았다. 그러자 다시 그 사람은 "오! 하나님 살려주십시오. 살려만 주신다면 전 재산을 바치겠습니다."라고 기도를 마쳤다. 그러나 다른 유대인이 "당장 그 기도를 취소하게나! 저기 섬이 가물가물하게 보이네"라고 말하자마자 그는 금방 했던 기도를 없었던 것으로 하고 말았다. 이들은 한 상황을 반전시켜 버린 야비한 뚱딴지였다.

　뚱딴지처럼 사유(思惟)하는 사람은 다수가 동의하는 객관적인 사고보다는 자신의 주관적인 사고만을 강조한다. 뚱딴지는 신적인 성품인 이해와 양보보다는 인본주의적 자신의 이익만 추구한다. 더불어 만인이 동감할 사고가 아닌 얄팍하고 엉뚱한 심리를 표출한다. 그로 인하여 그가 속한 공동체를 분열케 하고, 공약을 파괴하며 상처를 가져오게 한다. 그리고 공동선을 파괴한다. 나는 가정과 사회, 국가에서 뚱딴지같은 얄팍한 속성을 가지고 있지 않나 우리의 내면을 깊게 들여다보자.

향기(香氣)

향(香)은 식물의 꽃잎이나 동물의 뿔에서 나오는 감미로운 냄새를 뜻한다. 그 향이 바람을 타고 공기 중에 멀리 날아갈 때 나타나는 향내를 향기(scent)라고 말한다. 지구상의 만물 (allthings)은 고유의 향기를 지니며 식물이든 동물이든지 간에 존재 방식에 따라 향기를 발산한다. 나무는 초록의 향기로 꽃은 꽃잎의 향기를 내어 품는다.

동식물은 환경과 적응상태에 따라 삶의 향기를 지니며 살아가고 있다. 꽃잎들은 종족 보존이라는 사명을 완수하고자 아름다운 꽃잎 향기로 벌과 나비를 유혹한다. 동물도 자신의 특정한 신체에서 향을 발산함으로 짝짓기 대상을 물색하기도 한다. 이처럼 동식물의 향은 생존과 번영을 위한 아름다움 그 자체이며 질서와 조화를 이룬다.

북미 대륙의 산간에 향기로운 뿔을 가진 사향노루가 있었다. 노루는 자신의 후각을 자극하는 매혹적인 향기가 어디서 나오는지를 궁금해하며 그 향기를 찾으러 산과 강으로 끊임없이 찾아 헤맸다. 그러던 중 어느 날 절벽 위에서 향기로운 냄새가 절벽 아래서 바람을 타고서 사슴의 코를 계속 자극했다. 노루는 그 향기가 절벽 아래 있는 줄 알고서 그만 절벽으로 뛰어내리고 말았다. 온몸이 피투성이가 된 노루는 그 향이 자신의 뿔에서 나는 향기인 줄을 알지 못하고 죽고 말았다. 그 향은 암컷을 유혹하기 위해 하나님이 자신에게 준 선물이며 아름다움 그 자체였다. 사향노루는 신과 자연이 준 그 향을 제대로 사용하지 못하고 스러져갔다.

모든 만물은 신(神)이 준 자신의 독특한 향을 가지고 있으며 만물의 영장인 인간도 신이 준 독특한 향을 지니고 있다. 이 향은 자연의 어떤 것보다 더 아름다운 것이다. 그 향은 사랑과 달란트 그리고 헌신이다. 이것들은 동물과 식물에서 찾아볼 수 없는 여호와 하나님의 형상으로 주어진 것들이다. 인간은 죄로 말미암아 타락했으나 사람은 하나님의 형상인 향을 계속 지니고 있다. 인간은 단지 사향노루처럼 향을 자신이 지니고 있다는 것을 알지 못하고 욕심으로 악한 향기를 풍기며 살아갈 뿐이다.

인간은 이 땅에 살면서 세 가지의 향을 발산한다. 먼저 악취를 내는 향이다. 즉 생선과 같은 비린내가 나는 향기이다. 그 향은 냄새가 역겹고 고약하다. 만나는 사람마다 시기하고 질투하며 원한을 남기게 한다. 이웃을 위한 헌신과 봉사보다는 자신을 위한 이기심으로 가득한 향이다. 이러한 향기는 오래가면 갈수록 더욱 악취가 나타나서 견딜 수 없을 정도로 고약하다.

두 번째 향은 꽃과 같은 향이다. 처음에는 꽃에서 나는 향처럼 그윽한 향을 품기지만 시간이 지나면 꽃이 시들어 냄새가 나듯이 변이되는 향이다. 모든 일을 자신을 위해서만 하며, 사람을 대할 때 목적이 아니라 수단으로서 생각한다. 적당한 사고와 체면 위주의 행위로 선을 행한다. 이는 자신에게 조금만 손해가 오는 것이면 가감하게 변절하는 마음이다. 항상 조건적이고 이익을 저울질하는 향기이다.

세 번째 향은 손수건과 같은 향이다. 상대가 슬플 때 눈물을 닦아주고 기쁠 때는 내 기쁨처럼 기뻐해주는 향으로 이 세상에서 가장 아름다운 향이다. 이 향기는 예수가 죄인을 위해 죽었던 십자가의 사랑이다. 사랑의 향기는 생명을 찾는 것이며 모든 이에게 평강을 주는 약이다. 사향노루처럼 하나님이 인간에게만 고유하게 주신 사랑의 향을 멀리서 찾지 말자. 그리고 감추어져 있던 자신의 사랑을 이웃을 향해 발산하자.

갈증(渴症)

갈증은 시원한 물을 마시고 싶어 하는 육체적 목마름이다. 육체적 갈증은 신체적으로 물의 부족에서 오는 현상이다. 이러한 목마름은 하루에도 수십 번 경험하는 일과이다. 목마름의 해결 방법은 적절하게 생수를 마시는 일이다. 육체적 목마름은 물이라는 생수를 적절한 시간과 양을 흡수하면 해결되지만 그렇지 못할 때는 심각한 결과를 가져오게 된다.

인생은 육체적 갈증뿐만 아니라 정신적, 영적 갈증도 종종 나타나며 이것이 더 힘들다. 영적인 갈증은 육체보다는 내면의 고통이 동반하는 영혼의 목마름이다. 육체적 갈증이 물이라는 생수를 채우지 못했을 때 나타나는 것이라면 영적인 갈증은 생수라는 진리를 발견하지 못했을 때 나타난다.

영적인 갈증은 부정(否定)적 생각과 사랑의 결핍에서 오는 실존적인 문제이다. 영적인 갈증은 영혼의 목마름 현상이며 그 목마름으로 인하여 주어진 인생이 덧없고 공허한 것이다. 이는 아무리 많은 돈과 명예와 지식으로 자신의 항아리를 가득 채워도 인생의 공허감이 채워지지 않는 텅 빈 마음이다. 인생의 심각함이 여기에 있는 것이다.

긍정(肯定)적인 생각과 사랑의 마음은 인생의 영적 갈증에서 해방하는 처방전이다. "세설"(世說)에 나오는 망매해갈(望梅解渴)이라는 고사성어가 있다. 이 말은 중국 위(魏)나라 군사들이 적군의 진지를 향해 진격할 때 길을 잃어 헤매다 목이 마르고 사기가 떨어져 적군을 만나면 전멸할 위기에 처해 있었다. 지휘관은 군사들의 사기 저하로 인하여 전쟁에 질 수밖에 없다는 절박한 심정으로 정신적 갈증에 놓이게 되었다. 그때 지휘관은 병사들을 향해 "망매해갈"을 외쳤다. 해석하면 "저 언덕을 넘어가면 매화나무 숲이 있다. 달콤하고 신 매실주가 갈증을 해결해줄 것이다." 이 말을 들은 병사들은 입에 침이 고이고 매화밭에 이르기도 전에 갈증이 해결된 것이다.

긍정의 생각이 자기암시를 통하여 정신력으로 자신의 감정과 감각을 좌우할 수 있다는 것은 심리학에서 널리 알려진 사실이다. 진리는 긍정적인 사고(思考) 속에 인생의 참된 것을 발견하는 것이다. 즉 자신과 신(神)을 발견하는 것이다. 진리는 자신의 항아리를 하나님의 사랑으로 가득 채우는 신성한 작업이다.

성경은 예수 그리스도를 진리요 생수로 소개한다. 참 생수를 긍정하고 받아들이는 것이 진리이며 영혼의 갈증을 해소하는 지침이다. 이 세상에서 가장 풍부한 생수의 원천이 샘물이듯 인생의 한복판에서 영혼의 목을 축여주는 참 생수는 그리스도이다.

돈과 명예, 부정(不正)으로 가득한 나의 항아리를 내려놓자. 자신이 항아리를 내려놓고 신(神) 앞에 멈추자. 그분이 빠진 인생의 항아리는 아무리 가득 채워도 여전히 목마르다. 이제 눈을 열어 내 앞에 계신 참 생수로 풍요로운 인생의 항아리를 채워보자.

옷

옷차림새로 사람의 가치를 평가하려는 경향이 종종 있다. 사람이 어떤 옷을 입고 있느냐에 따라 평가와 가치가 정해진다. 예를 들면 5천만 원 하는 밍크코트를 입은 사람이 보석상에 나타나면 그 가게에서 대우가 다르다. 반면 남루한 옷을 입고 들어가면 소홀히 하는 경향이 있다. 이는 옷차림새의 외모를 보고 판단하는 외형적 평가이다.

인기 있는 연예인이 어떤 옷을 입으면 금방 유행되어 삽시간에 패션화가 이루어진다. 패션을 따라가려는 것은 자신의 가치를 높이는 일이 되기도 한다. 반면 패션에 뒤떨어진 옷을 입은 사람은 시대에 뒤떨어진 평가의 대상이 되기도 한다. 옷은 가끔 사람의 외형적인 날개로서 어떤 잣대를 제시하는 세속적인 기준과 저울이 되곤 한다. 그러나 사람이 입는 옷은 사람의 진정한 가치를 나타낼 수 없는 물질에 지나지 않는다. 아무리 화려하고 비싼 옷도 세월이 지나면 남루해지고 너덜거린다. 그 이유는 물질은 영원하지 않기 때문이다.

물질의 가치는 그것을 어떻게 정해진 수명 속에 잘 사용하였느냐에 따라 정해진다. 즉 자동차를 몇 년 정해진 시간 안에 몇 년 타고 유익하게 잘 사용하였느냐가 더 중요한 것이다. 물질은 사람의 효용에 따라 진정한 가치가 나오는 것이다. 물질의 효용이란 사람이 어떻게 사용했느냐에 따라 평가되는 것이다. 사람의 존재를 떠난 물질은 가치가 없으며 한낱 재고품에 지나지 않는다.

　그러므로 사람의 가치는 소유와 외형적인 옷차림새에 있기보다는 그 존재와 행동에 있다. 즉 사람이 어떻게 사느냐, 또는 무엇이 되느냐, 그리고 무엇을 하느냐에 따라 가치가 정해진다. 어떤 마음을 품고 어떤 행동을 하며 살아가는가가 중요하다. 생각해볼 만한 바람직한 가치는 공동선을 위한 사고(思考)를 갖는 것이다. 더불어 살아가는 사랑의 마음을 가지는 것이 더욱 중요하다. 최고급 비단옷도 천박한 사람이 입으면 천박해지고 만다. 하지만 천하고 누추한 누더기를 걸쳐도 성자 또는 성인이 입으면 성의로 탈바꿈하는 것이다. 즉 텍스트(text)라는 사람의 존재가 선하고 아름다워야 컨텍스트(context) 옷(문화)이 아름답게 보이는 것이다. 맞는 말이다.

　언제나 변하지 않고 또한 남루해지지 않는 인간의 옷이 있다. 그것은 바로 사랑과 자비, 그리고 희생이라는 인격의 옷이다. 가장 완전한 옷을 입은 사람은 바로 신앙(信仰)의 옷을 입은 자이다.

성경은 "낮과 같이 단정히 행하고 방탕과 술 취하지 말며 음란과 호색하지 말며 쟁투와 시기하지 말고 오직 주 예수 그리스도로 옷을 입고 정욕을 위하여 육신의 일을 도모하지 말라(롬 13:13-14)"고 권면한다. 그리스도의 새 옷을 입자.

좁은 문

　좁은 문은 일반적으로 사람이 겨우 다닐 수 있는 작은 문을 말한다. 머리와 허리를 구부리고 들어가야만 통과되는 문이다. 한국의 문화권에서는 기와집의 큰 쌍지문이 아니라 공창문(허리를 구부려야 들어가는 문) 같은 것을 말한다. 또는 솟을대문이 아니라 싸리문 같은 문이다. 이는 부의 상징보다는 가난하고 청렴의 의미를 담고 있는 문이다. 참된 선비는 큰 대문을 단 고래등 같은 집보다는 잡초가 돋아나 다 쓰러져 가는 초가집의 좁은 문으로 다닌다. 그렇게 할 때 고고한 인격이 돋보이기 때문이다.

　소설로 등장하는 좁은 문은 1909년에 앙드레 지드가 쓴 작품이다. 이 작품의 논지는 손아래인 사촌 동생과 사랑하는 알리사가 동생에게 사랑을 양보하고 신의 사랑과 인격을 얻고자 속세의 사랑을 단념하고 쓸쓸하게 죽어가는 모습을 그린 금욕적이고 신앙적인 작품이다. 세상의 가치보다는 성숙한 신앙을 그린 작품으로 인생의 참된 모습은 양보와 관용, 믿음이라는 좁은 문을 향할 때라는 것을 보여주고 있다. 좁은 문은 현실적으로는 힘들고 불편하지만 참된 인생의 지침을 가르쳐 주는 상징성을 지닌 위대한 작품이다.

복음서(성경)에서 예수님은 "좁은 문으로 들어가라 멸망으로 인도하는 문은 크고 그 길이 넓어 그리로 들어가는 자가 많고 생명으로 인도하는 문은 좁고 길이 협착하여 찾는 이가 적음이라"(마7:13-14) 고 말씀했다. 예수님이 말씀하신 좁은 문의 의미도 참된 인생의 지침을 가르쳐주는 진리이다. 이때 넓은 문은 세상의 출세를 위해 로마(중앙)로 가는 것이며 좁은 문은 오히려 예루살렘으로 가는 의미였다. 다시 말해 세속으로 가지 말고 하나님께로 가라는 것이었다. 이는 당시 로마는 세계의 중심지로 출세와 부와 세속적인 영광이 보장되는 곳이었다. 동시에 실패와 좌절도 함께 하는 곳이 로마였다. 로마는 인간들의 잣대로 움직여지는 도시로 환락과 부정부패, 투기와 음란, 위선과 사기가 횡행하는 곳이었다. 즉 인간을 타락으로 빠뜨리는 사탄의 유혹이 항상 존재하는 곳이 로마였다. 주님은 그러한 위험을 지적한 것이다.

사탄이 사람을 유혹할 때 쓰는 몇 가지 속삭임이 있다고 한다. 첫 번째는 "이 정도는 괜찮아"라고 속삭인다. 즉 작은 실수를 한 사람에게 안도감을 줌으로써 계속 죄를 짓게 하는 것이다. 두 번째는 "너는 아직 젊고 많은 세월이 많이 있잖아"라고 속삭인다. 즉 거룩한 삶을 살고자 하는 청년에게 교회에 가지 못하게 하면서 "아직은 젊은데...이 세상은 온통 즐거운 곳이야. 너는 아직도 젊은 오빠야!" 라고 속삭인다. 세 번째는 "한 번인데 뭘 망설이니 하라구"라고 속삭인다. 사탄은 사람이 불의를 행하도록 한 번이라는 위로의 말로 유혹하고서 나중에 파멸로 몰아간다. 네 번째는 "누구나 이렇게 사는데 뭘 그래."라고 속삭인다. 그러면서 잘못된 일과 불의한 일을 합리화시키면서 죄악으로 몰아가는 것이다. 젊은 사람이 불치병인 암에 걸리면 그 진행속도가 더 빨리 진행된다고 한다. 건강한 체력이 암을 더 빨리 번지게 한다는 것이다. 불의와 악도 마찬가지이다.

젊은 날의 아름다움은 싱싱한 나무와 같다. 그 싱싱한 젊음을 정의와 거룩한 일을 위해서 사용한다면 자신은 물론, 이웃과 온 인류가 행복해진다. 좁은 문은 악에서 떠난 생활이다. 결단은 성공의 절반이다. 좁은 문으로 들어가 정의와 비전, 그리고 축복을 향유하자.

음덕양보(陰德陽報)

음덕(陰德)이란 보이지 않게 은밀하게 덕을 베푸는 것을 말한다. 음(陰)이라는 단어는 '몰래 음'이라는 말인데 왼손이 하는 것을 오른손이 모르게, '덕(德)'은 '은덕 덕'으로 타인에게 덕과 선을 베푸는 것을 말한다. 전혀 알지 못하게 행하는 것이므로 음덕이명(陰德耳鳴)이라고 한다. 즉 자기 귀에만 들릴 정도로 다른 사람은 전혀 듣지 못하고 오직 자신만 들을 수 있을 정도로 선을 행하고 있다는 것이다.

음덕이라는 의미는 남이 알아주지 않더라도 꾸준하게 선행을 베푸는 것을 말한다. 남이 알아주지 않아도 덕과 선을 베푸는 것은 그리 쉬운 일이 아니다. 어떤 때는 도움을 받는 사람이 의심함으로써 예기치 못한 낭패도 맛본다. 그리고 외롭고 고독할 때도 있다. 그러함에도 불구하고 착하고 선한 일을 하는 것은 하늘을 감동케 하는 귀한 덕이다. 하늘을 감동케 한 음덕은 반드시 보상이 주어지게 마련이다. 음덕양보는 이처럼 선한 일을 하는 자에게는 하늘이 그에게 반드시 보상한다는 것이다.

하늘을 감동케 하는 음덕의 보상도 두 가지로 나타나게 된다. 먼저 하나는 우선 눈에 보이지 않게 나타나는 음보(陰報)와 두 번째로 확연하게 나타나는 양보(陽報)가 있다. 음보는 물질적이거나 가시적인 것이 아닌 것으로 건강이나, 내적인 기쁨, 평강의 마음 또는 좋은 운수 등으로 보상하는 것을 말한다.

하늘(天)은 만물을 다스리는 절대자로 음덕을 행하는 자는 반드시 그에게 내적인 것 즉 보이지 않는 음보(陰報)를 주신다는 것이다. 사람에게 기쁨과 평안의 마음을 준다는 것처럼 큰 보답도 없을 것이다. 성경에서도 의와 희락과 평강을 이루는 자는 이미 그 마음에 천국을 소유했다고 말한다. 평안과 기쁨은 가장 큰 음덕의 보상이다.

양보(陽報)는 눈에 확연하게 보일 정도로 하늘이 음덕을 행한 자에게 보상한다는 것이다. 회남자(淮南子)라는 인간훈편(人間訓篇)에서는 음덕을 행한 자에게 반드시 눈에 보일 정도로 보상을 한다는 것이다. 이러한 면에서 음덕양보(陰德陽報)라는 고사성어가 나타난 것이다. 음덕자(陰德者)는 음보(陰報)뿐만 아니라 양보(陽報)도 보상한다는 것이다. 양보는 사회적으로 인정을 받고 이름도 얻게 되며 많은 물질적인 축복도 받게 된다는 것이다.

이러한 공식은 하늘의 이치와 하늘(하나님)의 섭리로 인해 주어진 귀결이다. "구제를 좋아하는 자는 풍족하여질 것이요 남을 윤택하게 하는 자는 윤택하여 지리라(잠언11:25)"라고 성경은 말한다. 사람들은 풍족하여지고 행복해지기를 원한다. 누구나 갖는 바람이며 소망이다.

진리는 평범한 곳에서 시작된다. 행복해지기를 원한다면 남의 행복을 위해 빌라! 건강하고 풍족해지기를 원한다면 남에게 음덕을 베풀라! 그리할 때 하늘의 음보와 양보를 받아 그의 삶이 풍성해진다.

아량(雅量)

아량은 너그럽고 사려 깊은 마음을 말한다. 아량은 영어권에
서는 'Generosity'로 사용하여 '너그러운 심성' 뜻으로 말한
다. 아량은 이해(understanding)보다는 큰마음의 상태이며 사
랑보다는 조금 덜한 마음을 말한다. 이해는 아량의 시작이며 아
량은 사랑의 중간단계이며 사랑은 완전(完全)한 품성이다. 사랑
이라는 보다 큰 범주에서 볼 때 이해와 아량은 같은 의미로 사
용되기도 한다. 이해는 상대방의 심리를 파악하여 잘 알아가는
것이라면 아량은 좀 더 차원 높은 생각과 배려이다. 여기에 사
랑은 헌신과 섬김을 통해 아낌없이 주는 신의 성품으로서 완전
을 이룬다.

아량의 성품으로 모델과 자신이 다 같이 만족해하는 기록을
남겨둔 화가가 있었다. 많은 사람은 자신의 모습을 흔적으로 남
겨두고 싶어 한다. 그 흔적은 자서전과 그림으로 또는 사진이라
는 갖가지 형태로 자신을 남겨두는 것이다.

세계제국을 건설했던 알렉산더 대왕도 자신의 모습을 초상화로 남겨두고 싶었다. 왕은 제국 안에 있는 이름 있는 화가들을 불러서 자신의 초상화를 그리게 하였다. 한참 후에 작품들을 보면서 대왕은 만족스러워하지 못했다. 이유는 대왕의 얼굴에 전쟁으로 생겨난 상처를 그대로 그렸기 때문이다. 초상화는 상처 때문에 무섭고 난폭한 얼굴로 그려진 것이다.

평소 알렉산더를 존경하는 한 화가가 다시 나서서 대왕의 초상화를 그리기 시작했다. 그는 얼굴의 흉터를 제거하지 않고서는 덕스럽고 용맹을 갖춘 근엄한 왕으로 그릴 수 없음을 알았다. 화가는 대왕을 책상 위에 앉게 하고서 한 손으로 자연스럽게 턱밑에 있는 상처를 가리도록 하였다. 그리고 상처가 가려진 대왕의 얼굴을 근엄하고 덕스럽게 그렸다. 알렉산더는 그때야 흡족하게 표정을 지으면서 그 화가에게 큰 상을 베풀었다고 한다. 위대하고 힘이 있는 대왕도 자기가 싫어하는 흠이 있으며 좋아하지 않는 상처가 있다. 화가는 그러한 왕의 마음을 읽고 왕의 상처를 자신의 기지와 아량으로 감싸준 것이다. 즉 아량과 이해의 마음이 왕의 허물을 감싸 준 것이다.

아량은 작은 허물을 감싸주는 너그러운 마음이다. 상대방의 약점과 허물을 감싸주는 아량을 가질 때 사랑이라는 위대한 결과가 나타난다. 사랑이 함께하는 곳에는 항상 평화와 생명이 넘쳐난다. 더불어 기쁨이 상존한다.

반면 이해와 아량이 없는 인간은 평화가 깨지고 싸움의 역사가 계속된다. 인간의 모든 전쟁은 여기에서 발단된 것이다. 다툼과 전쟁은 많은 사람을 슬프게 하며 죽음으로 안내하는 저주이다. 전쟁, 폭력으로 상대방을 무너뜨리는 것은 일시적이며 영원하지 못한다. 잠시 힘의 균형이 깨짐으로 인하여 굴복하고 굴복당하는 것이다.

사랑으로 인한 굴복은 영원하다. 사랑은 상처를 아물게 하는 위대한 힘이며 생명을 준다. 성경에서 '미움은 다툼을 일으켜도 사랑은 모든 허물을 가리니라(잠10:12)'라고 말하고 있다. 작은 상처를 감싸주는 아량과 사랑을 가질 때 세상은 평화로우며 아름다운 모습으로 변화된다.

아름다움

아름다움(Beauty)은 사전적 의미로 '모양이나 색깔, 소리 따위가 마음에 들어 만족스럽고 좋은 느낌'을 말한다. 한 예로 "바람에 날리는 꽃의 향기가 아름답다. 그 사람의 행동이 마음에 들도록 아름다워 기쁨과 만족을 준다."처럼 아름다움은 사물의 됨됨이와 형상의 예쁜 모습을 표현하는 감정의 수식어이다. 아름다움은 사람에게 필요한 최상의 현상이며 기쁨이다.

아름다움의 본질은 신의 내유(內有)에 간직되어있는 속성으로 두 가지 측면으로 나타난다. 하나는 외적이고 형상적(形象的)인 아름다움으로 눈을 기쁘게 하고 현혹하는 것이다. 외모가 화려하고 현란하여 사람이나 동물에게 황홀함을 주어 정신을 잃게 하는 아름다움이다. 또 하나는 내적이며 비형상적(非形象的)인 것으로 관념의 표출이다. 형상은 없으나 마음이나 정신속에 자리한 사랑과 자비심이다. 즉 내적 아름다움이다. 이는 영원한 것이며 본질적이며 생명을 창출하는 아름다움이다. 후자가 훨씬 더 가치가 있고 존귀한 것이다.

실제로 북미에는 '사라세니아' 라는 외모가 아름답고 향기로운 꽃이 있다. '사라세니아'는 잎에 꿀샘이 있어 그윽한 향기를 발한다. 나비와 벌들은 그 꽃의 꿀 향기에 도취해 꽃잎으로 몰려든다. 그러나 나비가 잎의 꿀을 빨아먹는 순간 고약한 독약과 끈끈이를 내뿜어 순간적으로 나비와 벌들을 삼켜버린다.

보르네오 섬에는 '네펜데스' 라는 화려한 꽃이 있다. '네펜데스'는 화사한 외모로 아름다운 꽃을 피워 곤충들을 유혹한다. 곤충들이 아름다운 꽃에 반하여 가까이 가면 그 꽃은 특수한 소화액을 뿜어내서 곤충들을 순식간에 녹여버린다. 두 꽃은 외모가 황홀할 만큼 아름답고 향기롭다. 그러나 그 이면에는 두 가지 면을 가진 무서운 꽃이다. 아름다움과 향기는 단지 무서운 독소를 감추기 위한 위장술일 뿐인 것이다.

냉혹한 자연의 현실이 자연에만 적용되리요! 만물의 영장이 사는 인간세계에도 이러한 현상이 존재한다. 고금을 막론하고 현대에 이르도록 외모지상주의는 사람들을 괴롭혔고 슬프게 했다. 외형적인 미(美)나 화려한 치장은 절대적인 미의 가치가 아니다. 그 이유는 보이는 형상의 미는 시간의 노예(奴隷)이기 때문이다. 외적 아름다움은 시간이 흐르면 흐를수록 소모하고 쇠퇴할 수밖에 없는 물질이기 때문이다. 반면 내적인 아름다움은 장구한 시간이 지나도 변하지 않는 특성을 가진다. 사랑 그 자체는 신의 형상에서 나온 생명이며 불사(不死)이며 영원하기 때문이다.

속담에 "이왕이면 다홍치마"라는 말이 있다. 아름답고 화려하고 외모를 잘 꾸미는 것을 잘못된 것이라고만 할 수 없다. 그러나 외적으로 화사한 아름다움만 추구하는 자는 내면의 아름다움을 망각하는 경우가 많이 있다. 치마가 다홍빛처럼 아름답듯이 우리의 마음도 사랑과 이해 자비심이 다홍치마처럼 가득할 때 아름다움은 배가한다.

성경은 가장 아름다운 여인을 이렇게 표현한다. "고운 것도 거짓되고 아름다운 것도 헛되나 오직 여호와를 경외하는 여자는 칭찬을 받으리라"(잠 31:30) 사랑 그 자체이신 여호와를 닮고 사랑하며 따르는 사람이 가장 아름다운 사람인 것이다. 아름다움의 극치는 외형, 내적 미모(사랑)를 다 소유할 때이다. 그리할 때 아름다움은 영원히 빛나리라.

신의 불꽃

"낮말은 새가 듣고 밤말은 쥐가 듣는다."라는 속담이 있다. 이 말은 벽에도 사람의 귀가 있고 천장에도 사람의 눈이 있다는 말이다. 명심보감에는 이러한 말을 천청약뢰(天聽若雷)라고 하여 하늘이 우레처럼 듣는다고 한다. 다시 말하면 이 말은 인간사어(人間私語), 즉 사람들이 사사롭게 나누는 말들을 하늘이 우레가 울리는 것처럼 듣는다는 것이다. 그래서 우리 속담에 발 없는 말이 천 리 간다고 한다.

인간들은 자기들이 은밀하게 하는 말이 다른 사람들은 모를 뿐만 아니라 하늘이 듣지도 않는다고 생각하는 것이다. 참으로 어리석은 생각이다. 이러한 자들을 위해 하늘은 천청약뢰 즉 우레처럼 듣는다고 한다. 하늘은 아무리 작은 소리라고 할지라도 놓치지 않고 듣는다는 것이다. 이러한 말을 하늘이 듣는 것을 명심보감에서는 천청적무음(天聽寂無音)이라 하여 하늘은 소리 없이 고요하게 사람의 말들을 듣고 있다고 한다.

이는 앞에서 말한 것처럼 하늘이 우레처럼 듣는다는 것과 모순되게 들릴지 모르지만 절대로 그렇지 않은 것이다. 다만 하늘이 소리 없이 듣는다는 것은 인간 편에서 볼 때는 하늘이 거의 듣지 않는 것처럼 여겨지는 것이지 결코 하늘이 듣는 소리가 작지 않다는 말이다. 하늘 편에서 볼 때는 그야말로 천청약뢰이다.

하늘은 인간이 어두운 방에서 양심을 속이며 음모를 꾸미는 암실기심(暗室欺心)을 안다고 한다. 바로 신의 불꽃으로 암실에서 음모를 꾸미는 자들을 보고 있다는 것이다. 신의 눈은 번개와 같아서 신의 눈에는 보이지 않는 것이 없기 때문이다. 원래 이 신(神)자는 하늘에 번개가 내리치는 모습을 상용화 한 문자라고 한다. 이는 사람들이 신이 번개를 치듯 화염을 내뿜으며 뇌성으로 인간들에게 말한다는 것이다. 이는 명심보감에서 말하는 신의 불꽃이다. 하나님은 바로 인간의 양심과 바른 행동을 위한 전능자라는 것이다.

성경 시편 139편 2-3절에서도 "주께서 내가 앉고 일어섬을 아시고 멀리서도 나의 생각을 밝히 아시오며 나의 모든 길과 내가 눕는 것을 살펴보셨음으로 나의 모든 행위를 익히 아시나이다."라고 말씀하고 있다.

요한 계시록 1장 14절에도 "신의 눈이 불꽃 같다" 표현하고 있다. 이 번개 같은 신의 눈인 불꽃과 천청약뢰 하시는 전능자의 귀를 어떻게 속이고 숨길 수 있는가? 이는 감히 감당할 수 없는 일이다. 온 천하가 전능하신 하나님의 눈과 귀에 들어가 있는 것이다. 우리는 자신의 양심을 속이지 말고 정직하게 살아가는 지혜를 찾아보자.

종점(終點)

　종점이라는 말은 시점(始點)의 끝을 나타내는 말이다. 또는 일정한 시간이나 미묘한 직관으로 인하여 마지막이 되어버린 쓸쓸한 추억이다. 대중가요에서 노래하고 있는 종점은 기차나 버스의 일정한 구간의 끝이 되는 곳 즉 종착을 말한다. 설명되고 있는 종점의 전제는 반드시 시점이 있다는 명제 설정이다.

　삼라만상의 모든 것은 시작이 있으면 반드시 끝이 있는 것이다. 이러한 가치관은 기독교 사관이나 관념론적인 역사관에서는 목적론 또는 직선적인 진리를 내포하고 있다. 희랍 철학이나 동양의 수도종교에서 말하는 순환(circulation) 윤회(reincarnation) 또는 인연(因緣)으로 연결되는 의미가 아니다.

　사시사철과 밤낮이 있어 마치 순환하는 것 같이 여겨질지 모른다. 그러나 절대적인 착각이다. 다시 돌아온 자연의 봄과 낮은 절대적으로 새로운 것이다. 어제 뜬 태양도 다음 날과 같은 것이 아니라 새로운 것이다. 태양은 매일 항상 새로운 모습으로 삼라만상의 생명을 유지하기 위해 빛을 비추며 열을 발산함으로 자신에게 주어진 목적을 향해 움직이고 있다. 시작이라는 시점에서 과정을 거치면서 자신에게 맞는 목적을 이루면서 나아간다. 역사도 마찬가지이다. 단지 비슷하게 전개될 뿐이다. 모든 것은 목적이 있으며 그 목적을 이루고자 주어진 삶과 사명을 감당하는 것이다.

인생도 마찬가지이다. 출생이 있으면 반드시 죽음이 있다는 명제이다. 이는 인간은 반드시 육체적 죽음으로 향하고 있는 목적론적인 존재이며 비운의 존재라는 것이다. 모든 사람은 엄연한 죽음이라는 종점의 마침을 위해 살아가고 있으면서도 영원한 인생이 진행되는 것으로 착각하고 있다.

이처럼 부분적인 진리 속에 갇혀있는 사람은 참다운 인생을 알지 못한다. 인생은 반드시 죽음이라는 종점을 맞이하는 실존이다. 모든 인간은 신으로부터 주어진 그 시한부적인 육체의 삶을 살아가고 있다. 그 시한부의 삶은 바로 오늘 우리에게 주어진 현실이다. 자신의 시한부의 종점은 어느 때인가를 찾는 자는 현명한 자이다. 시편 90장 12절에서는 "우리에게 우리 날 계수함을 가르치사 지혜의 마음을 열게 하소서."라고 선포한다.

신의 눈으로 보면 천년이 지나간 어제 같으며, 밤의 한 경점 같다고 했다. 아침에 맺혔다가 정오에 마른 이슬 같다고 한다. 진리의 말이다. 짧은 인생 속에 아름답고 의미 있는 삶을 사는 것은 바로 종점이라는 단어를 깊게 새겨둘 때이다. 새싹이 파릇파릇 나는 봄이 엊그제 같았는데 벌써 검은 장갑을 준비해야 하는 겨울이 오는 것을 기억하자. 자신의 종점을 계산해보자. 주 안에서 남은 날이 얼마인지를 알아가는 현명한 삶이 되자.

때(time)

'때'라는 말은 '시간의 한 부분이나 점'을 표현할 때 쓰는 단어이다. 영어로는 'time(타임)'으로 사용하는데 물리적 기간이 지나는 것을 말할 때 쓰는 말이다. 예를 들면 '하루 세끼의 밥을 먹는다'. 또는 '때를 놓치지 말고 공부(일)하라'라고 할 때 그때를 말한다. '때'는 한번 지나가면 다시는 오지 않는 물리적 시간이며 단회적이다.

때를 놓치는 사람은 인생에 있어서 후회와 퇴보의 시간을 갖는 것이다. 그러나 때를 잘 활용하는 사람은 그 삶이 풍성해지며 성공의 길로 간다. 사람들은 성공하며 풍요로운 인생을 살기를 원한다. 그러면서도 가장 지름길인 자신의 때를 활용하는 지혜를 갖지 못한다. 참으로 아쉬운 일이다.

'때'는 적절한 시기를 말할 때 쓰는 말이기도 하다. 즉 기회의 도래를 잘 활용하여 최대한 선용할 때 그 값어치는 엄청난 결과를 가져온다. 아프리카에서 있었던 일이다. 개코원숭이가 나무에 맺혀있는 파란 과일을 따 먹었다. 원숭이는 중얼거리기를 '무슨 과일이 이렇게 시큼하고 떫은 거야' 하며 투덜대며 과일을 던졌다.

이 과일은 아직 익지 않은 때라서 매우 쓰고 떫을 수밖에 없었다. 며칠이 지난 후 다른 긴팔원숭이가 똑같은 과일을 따 먹었다. 원숭이는 '아 맛있고 달다. 이렇게 맛있는 과일을 왜 시큼하고 떫다고 거짓말하는 거야?' 하며 맛있게 과일을 먹었다. 그러나 사실 그 과일은 적당한 시간이 지났고 때가 되고 익어서 맛있는 과일이 된 것이다.

자연은 반드시 자신이 처한 때를 정확하게 이르게 하고 그때를 통해서 혜택을 베푼다. 그러나 전자인 개코원숭이는 그때를 몰랐고 적절하게 이용할 줄을 몰랐다. 너무 성급한 행동으로 자신이 얻어야 할 혜택을 놓친 것이다. 반면 후자 긴팔원숭이는 때를 잘 활용하여 맛있는 과일이라는 혜택을 갖게 된 것이다. 새겨 두고 싶은 말이다.

우리 인생도 항상 적절한 때를 잘 활용하는 지혜를 가져야 한다. 우리는 나설 때가 있고 멈출 때가 있다. 나서지 않을 때 나서면 엄청난 낭패를 당하며 나서야 할 때 나서지 않는다면 또한 어려움을 당한다. 그 시기와 때를 잘 분별할 때 성공적인 삶이 된다. 그리고 승리가 보장되는 삶이다.

성경 전도서에서는 이렇게 우리에게 교훈한다. '천하에 범사가 기한이 있고 모든 목적을 이룰 때가 있나니 날 때가 있고 죽을 때가 있고 심을 때가 있으며 심은 것을 뽑을 때가 있으며 죽일 때가 있고 치료시킬 때가 있으며 헐 때가 있고 세울 때가 있으며 이때를 알지 못하는 인생들은 수고로 말미암아 무슨 이익이 있으랴'(전 3:1-9) 말한다.

자연의 이치를 섭리하시는 전능하신 하나님의 목적과 그때를 아는 지혜가 필요하다. 모든 일은 만사에 목적이 있다. 그 목적과 때를 잘 알고 행하는 인생은 실패가 없다. 현실에 주어진 자신의 때를 정확하게 진단하는 슬기로운 자가 되자.

사명

　사명(使命)은 인간에게 주어진 일이나 몫을 말한다. 사명은 한 개인에게 부여됐을 때는 사적이며, 공직자에게 주어질 때 공적 사명이 된다. 사명은 이해와 형편에 따라 달라질 수 있는 것이나 그 본질에 있어서 동질이다.

　가장(家長)이라는 개인에게 맡겨진 일은 자신이나 가정을 위해서 꼭 해야만 자신과 그 가정이 사는 것처럼 공무원이 맡은 일도 국가와 민족을 위해서 반드시 해야만 국가가 존립한다. 가장이 가정을 위해 봉사하고 다스리는 것이나 왕이 나라와 백성을 위해 봉사하고 치리 하는 것은 일의 크고 다름에 있을 뿐이지 천명(天命)이라는 동일한 사명이다.

　이처럼 사명은 인간이 반드시 해야만 하는 하늘의 소명(召命)이다. 하나님은 인간을 통해 자신의 일을 이루어 가시며 궁극적으로 우주를 통치하고 섭리하신 대로 목적을 이루어 가신다. 그 섭리의 한 가운데 우뚝 서 있는 존재가 바로 인간이다.

하늘이 소명한 그 사명을 잘 알고 성실하게 이행할 때 그 자체가 행복이며, 인간의 위대성이 나타난다. 카를 힐티(Carl Hilty)는 그의 저서 "잠 못 이루는 밤을 위하여"라는 책에서 인간에게 있어서 가장 큰 행복은 "자신의 삶 가운데 자신에게 주어진 사명 또는 소명을 발견할 때이다" 그 사명을 발견하고 주어진 일에 최선을 다해 살아갈 때 기쁨이요 그 사명을 완수할 때 큰 행복을 느낀다고 했다.

실존주의 철학자인 키에르케고르는 20세라는 청년 때 깊은 명상 끝에 인생의 목적을 알기 위해 몸부림쳤다. 인간 존재의 목적성과 인간의 역할(사명)이 무엇인지를 찾아 헤맸다. 그리하여 그가 남긴 일기장에서 "온 세상이 무너진다 해도 내가 경험하고 붙들고 있는 이념과 사상을 위해 내가 고민하고 죽을 수 있는 사명이 무엇인지를 찾아야 한다." 절규하고 있다.

사명은 인간에게 있어서 장식품이 아니라 인간 자체이며 인간이 실존해야 할 목적 자체이다. 사명이 없는 자는 영혼이 없는 죽을 몸과 같은 것이며 살아있는 유해(Human Remains)일 뿐이다. 사명이 없다는 것은 불행이다. 사명의 효율성은 성실과 자기 충실이다. 성실함과 자기 충성이 없는 사명은 간계(奸計)이며 사이비(邪)이다. 사명은 멀리 있는 것이 아니다. 나에게 주어진 자신의 십자가가 바로 사명이며 천명이다.

오늘날 키에르케고르와 카를 힐티 같이 참된 사명을 위해 고민하며 그 사명 완수를 위해 노력하는 사람이 얼마나 되겠는가? 참된 행복을 원한다면 사명을 발견하고 그 사명을 위해 최선의 노력을 할 때이다. 그때 행복은 자동으로 온다.

사명의 본보기가 된 그리스도를 닮자. 그분은 섬김과 봉사와 나눔, 그리고 치유와 회복을 주시고 참된 인간애(Humanism)을 행하셨다. 사명은 행복이다. 참된 사명을 발견하고 이행하는 자로 승화되어 보자.

협동(協同)

협동은 둘 이상의 사람, 또는 두 개 이상의 단체가 심적으로 연합하는 정신과 행위를 말한다. 협동은 여러 사람의 마음과 힘이 합침으로 달성하고자 하는 목적을 이루게 하는 능력이다. 사회를 이루며 살아가는 인간에 있어서 협동 생활은 중요한 삶의 방법이기도 하다. 특히 구기 종목인 축구나 야구 등은 절대적인 협동을 요구한다. 승패의 결과는 개인의 능력과 기술이 좌우하나 단체 간의 협력이 어떻게 조화를 이루느냐에 따라 더욱 크게 결정된다. "백지장도 맞들면 낫다"라는 속담이 있다. 협동은 가능성을 창출케 하는 묘약이다.

탈무드에 나온 옛 지혜를 빌려보고자 한다. 옛날 한 궁궐에 아주 맛있는 과일이 열리는 신기한 나무가 있었다. 임금님은 그 과일을 전혀 따먹지 못하게 하기 위해 신체가 부자유한 사람을 경비원으로 채용했다. 한 사람은 소경이었고 한 사람은 난쟁이였다. 임금은 높은 곳에 있는 과일을 지키기에는 가장 적합한 사람들이라고 생각했다. 과일을 그들에게 믿고 맡겼다.

두 사람은 신비한 열매라는 사실에 호기심이 갔고 더욱 따먹고 싶은 욕망이 가득했다. 그러나 자신들의 신체적 운명을 잘 알고 있는 그들이라 처음에는 엄두도 내지 못했다. 두 사람은 과일을 따 먹을 수 있는 골몰한 연구 끝에 묘안을 찾아냈다. 즉 소경인 사람이 난쟁이인 사람을 무등을 태우고 열매가 주렁주렁 매달린 쪽으로 이동하도록 가르쳐 주면서 실컷 열매를 따서 먹은 것이다. 비록 나쁜 일이었지만 협동의 결과였다.

임금은 열매가 없어진 것을 보고 두 경비원을 소환하여 호된 문책을 하였다. 그러자 두 사람이 각각 울부짖으며 호소했다. "폐하! 앞을 못 보는 제가 어떻게 열매를 훔쳤겠습니까?" 그리고 난쟁이도 "어떻게 저 높은 곳에 매달린 과일을 따서 먹을 수 있겠습니까?" 하고 항변했다. 임금님은 두 장애인의 말을 믿을 수밖에 없었다고 한다.

비록 바르지 않는 일이라도 둘이서 힘을 합하면 묘안이라는 결과가 발생하는 것이다. 하물며 좋은 일을 위해 여럿이 힘을 모은다면 어떻겠는가? 이처럼 협동은 불가능을 가능으로 바꾼다. 협동은 창조를 가져오는 근원이다. 사람들이 어려움을 만날 때 가장 필요한 것은 협력의 자세를 갖는 것이다.

서로 협력하는 마음은 아름다운 공동체를 창조케 하는 선이라고 한다. 성경에서는 "우리가 알거니와 하나님을 사랑하는 자와 그 뜻대로 부르심을 입은 자들에게는 모든 것을 합력하여 선을 이루느니라(롬8:28)"라고 말씀한다. 협동하는 것은 아름다운 선(善) 그 자체이다.

직업(職業)

직업(職業)은 생계를 유지하기 위해 일정 시간 동안 자신을 위해 종사하는 일(a job)이다. 또는 어떤 목적을 위하여 전문적으로 종사하는 숙련자(skill men)의 업(業)이다. 직업은 일반적으로는 정신적 또는 육체적인 직업으로 분류한다.

사회문화적인 측면에서는 화이트칼라와 블루칼라로 지배자와 피지배자 직업으로 나눈다. 한편 종교적으로 볼 때 직업은 하늘의 소명(召命)이며 신(여호와)이 허락한 거룩한 달란트이다. 분명한 것은 직업은 그 사람의 소질과 달란트(자질)에 따라 하늘로서 허락된 천직이라는 것이다.

세상은 이러한 직업인들의 "창조적인 두뇌"와 "창조적인 달란트"에 의해 움직여지고 있다. 직업을 하늘의 소명이라고 인식하는 자들은 남의 장단이나 이목에 자신의 두뇌와 달란트를 내맡기지 않는다. 철저하게 자신의 소신과 주관을 가지고 자신에게 주어진 달란트로 생을 살아가는 것이다.

작가이자 칼럼니스트 임한창 씨의 '겨자씨'에 나온 이야기를 빌리고자 한다. 아인슈타인은 그의 조국 이스라엘이 1948년 최초로 독립 국가로 건국되었을 때 초대 대통령직을 제의받았다. "제헌 국회는 만장일치로 당신을 초대 대통령으로 추대했습니다. 조국을 위해 봉사해주십시오" 그러나 아인슈타인은 이 제안을 정중하게 거절하면서 "대통령을 하겠다는 사람은 많으나 물리학을 가르치겠다고 하는 사람은 많지 않습니다."라고 말하면서 자신의 직업 소명을 강하게 나타냈다.

이스라엘의 벤구리온이 어느 날 갑자기 수상직을 사임했을 때가 있었다. 기자들이 그 이유를 물었다. 그때 그의 대답은 간단했다. "이제 나는 나의 직업인 땅콩밭으로 갑니다. 수상은 누구나 할 수 있으나 땅콩 농사는 아무나 지을 수 없습니다."라고 대답하면서 직업 소명의 당위성을 강조하면서 본래의 땅콩 농부로 복귀했다.

미국의 지미 카터도 대통령직에서 물러난 후 교회학교 교사로 봉사하며 말했다. "내가 대통령이 된 것은 하나님의 일을 더 잘하기 위함이었습니다. 대통령은 임시직이지만 교사는 평생 직업입니다."라고 말하면서 천직(天職)인 자기직업으로 돌아갔다고 한다.

직업은 하나님이 이 땅에 사는 모든 자에게 주신 하나님의 거룩한 소명이다. 나아가 이 직업을 소명으로 생각하고 이행하는 자는 이 땅에 존재할 근거를 가진다.

천직으로서 직업은 하늘을 영화롭게 하고 모든 사람에게 이익을 주는 榮天益人(영천익인)의 자세가 되어야 한다. 나의 명예와 이익을 배제하고 공공의 유익을 위한 자세이다. 나에게 주어진 거룩한 직업을 나의 이익과 남의 이목, 그리고 장단에 맞추어 행하지는 않는지 자신의 모습을 살펴보자.

절제(節制)

절제라는 말은 '분에 넘치지 않도록 알맞게 조절하는 것, 또는 욕망을 제어하여 방종하지 않도록 애씀'을 말한다. 사람이 자신의 감정을 조절하며 생각을 조절한다는 것은 현명한 것이다. 그러므로 절제의 덕을 행한 자에게는 좋은 기회가 온다는 것은 만고의 이치이다. 사람들은 감정과 행동을 조절하지 못함으로 자신에게 주어진 좋은 시간과 기회를 잃어버리는 경우가 자주 나타나고 있다.

인생과 삶에 있어서 필요한 것은 절약과 절제이다. 두 가지 중에 비중을 두라 한다면 당연히 절제가 더 주요한 위치에 거한다. 절약은 물질적인 것을 헤프게 쓰고 쉽게 버리는 것을 낭비라고 보고 아끼려는 마음가짐이다. 절약이 인간의 외적인 면을 강화해 주는 덕목이라면 절제는 정신적, 외적 행동 모두에 대한 덕목이다.

절제란 지혜로운 인생을 위해 중요한 덕목이다. 말을 할 때는 절제하여 말을 해야 하고 하지 말아야 할 때는 말아야 한다. 일을 할 때는 힘이 들어도 자신이 맡은 일은 책임을 지고 해야 하는 것이 절제의 덕이다. 또한 절제는 기분이 나쁠 때 기분 좋은 감정을 만들어 가는 것, 소망이 전혀 보이지 않을 때도 소망을 만들어 가는 감정 조절이 바로 절제이다. 화가 났을 때 그 화를 가라앉히고 평화로운 마음을 갖고 그 평화의 메시지를 전달하는 것이 절제이다.

사람이 쉽게 감정을 드러내고 감정을 헤프게 사용하는 것을 무절제라고 한다. 무절제는 악덕이며 인생을 피곤하고 힘들게 한다. 그러므로 절제된 생활은 단정한 생활이며 그런 생활을 할 때 자신은 물론 가정과 사회에 기쁨과 감사와 축복이 넘쳐나는 것이다.

그리스도인의 삶에서도 절제는 중요한 덕목 중의 덕목이다. 성령의 9가지 열매는 "사랑과 희락, 화평, 오래참음, 자비, 양선, 온유, 충성, 절제"라고 말하고 있다. 여기서도 절제는 신앙인의 자세에서 신앙을 잘 조절하는 것을 의미한다. 그리스도인의 삶은 스스로 사는 것이 아니라 그 안에 그리스도가 사는 것을 의미한다. 사람의 마음에 예수가 없다면 그는 그리스도인이 아니라고 말한다. 즉 내 안에서 역사하시는 성령님의 음성을 듣고 그 인도함에 따라 사는 것이 참 크리스천의 삶이다.

그리스도인들이 한 가지 착각하고 사는 것은 내 육체이고 내 마음이기 때문에 내 멋대로 결정하고 살아간다는 것이다. 세례를 받고 난 이후의 삶은 나의 욕망과 생각보다는 성령의 조명을 받고 행동하며 살아가는 것이 참 크리스천이며, 절제된 생활을 하는 열매인 것이다.

사도 베드로도 신앙의 7가지 단계를 "믿음에 덕을, 덕에 지식을, 지식에 절제를, 절제에 인내를, 인내에 형제 우애를, 형제 우애에 사랑을 공급하라"(벧후1:5-7)로 설명하고 있다. 이같이 절제는 신앙에서 빼놓을 수 없는 덕목이다. 감정을 절제하고 자기를 조절하며 마음을 잘 다듬어 가정과 직장에서 절제된 모습을 가진 자는 그의 인생이 풍요로움으로 채워진다.

겸손

사람에게 있어 중요한 덕목은 겸손한 마음이다. 겸손은 하나님과 사람들에게 자신을 낮추는 행위이며 자신을 감추는 지혜이다. 겸손은 생명으로 이어지는 덕목이며 영화로움을 얻는 첩경이다. 겸손한 자는 신(神)으로부터 보장받는 축복이지만 교만한 자는 패망을 가져오는 지름길이다. 나아가 생명까지도 잃어버린다.

아우구스티누스(Augustine)는 그의 제자가 "기독교에서 가장 큰 덕목은 무엇입니까?"라고 묻자 스승은 "겸손"이라고 대답했다. 그러자 제자가 "두 번째 덕목은 무엇입니까?"라고 묻자 아우구스티누스는 "두 번째도 세 번째도 겸손이다."라고 대답했다. 맞는 말이다. 겸손은 기독교뿐만 아니라 세상에서도 가장 중요한 덕목이며 소중한 가치이다.

이와 관련한 재밌는 예화가 하나 있다. 고명한 학자가 어느날 나룻배로 강을 건너게 되었다. 넓은 강을 건너느라 무료해진

학자는 남루한 사공에게 말을 건넸다. "사공! 희랍의 철학자 플라톤을 아시오?" "아뇨, 잘 모릅니다." "이런, 당신은 그 유명한 플라톤을 모르다니 인생의 1/4을 잃어버렸소!" 하며 사공을 멸시하는 눈초리로 바라보았다.

그는 잠시 후 또다시 사공에게 "그럼 당신은 예술에 대해서는 좀 아시오?"라고 빈정대는 투로 물었다. 그러자 사공은 기분이 상했으나 손님인지라 정중하게 "웬걸요. 그런 것은 제가 알지 못합니다." 하며 대답했다. 그 학자는 혀를 차며 "쯧쯧, 아름다운 예술에 대해 모르다니, 당신은 인생의 절반을 잃어버렸소!"라고 다시 비아냥댔다. 계속 모른다는 사공에게 학자는 자꾸만 난감한 질문을 하며 사공을 비웃듯이 쳐다보았다.

그러던 중에 배가 강어귀에 다다랐을 때였다. 갑자기 불어닥친 바람으로 그만 나룻배가 거꾸로 뒤집어졌다. 이때 물에 빠진 학자는 허우적거리기만 했다. 그때 사공이 학자에게 크게 소리쳤다. "잘난 학자님, 수영할 줄 아십니까?" "나는 수영할 줄 모르오" 그러자 사공은 "그렇다면 학자님은 인생 전부를 잃어버렸군요." 하며 가라앉는 학자를 뒤로하고 수영으로 강을 빠져나갔다.

인생은 새옹지마(塞翁之馬)이다. 자신의 형편이 낫고 잘 산다고, 좀 더 배웠다고 우쭐대는 것은 교만이다. 한 사람을 귀하게 여기는 것은 겸손의 시작이며 아름다운 지혜이다. 사람이나 신(神) 앞에서 늘 겸손한 자는 생명을 얻는다. 성경은 "교만은 멸망의 선봉이요 겸손은 존귀의 앞잡이"(잠18:12)라고 했다.

우리는 자신을 포장된 모습으로 우리의 삶을 살아가고 있지는 않는지 살펴볼 필요가 있다. 겸손한 마음을 갖는 것이 생명을 얻는 것이다. 자신을 돌아보자.

성공 요소

모든 인생은 성공적인 삶을 꿈꾸며 그것을 이루고자 노력한다. 성공은 자신의 근면과 성실로도 이루어질 수 있다. 전능한 신(神)의 도움이 함께 할 때 성공은 더 빠르게 온다. 성공은 자신의 노력과 전능자의 뜻이 함께 어우러질 때 확고하게 서게 된다는 것이다.

우주의 통치자 하나님은 사람에게 영생과 풍성한 삶을 주시고자 한다. 그러나 삶이 곤고하며 성공적인 인생을 살지 못함은 자기의 뜻대로 사는 우를 범하기 때문이다. 즉 죄로 말미암아 하나님의 간섭과 보호하심이 떠남으로 인해 성공과 풍요로움이 멀어지게 된다. 성공을 가로막는 가장 큰 요소는 사람의 죄악 때문이다.

가장 큰 죄악은 인간의 마음에 하나님을 두기 싫어하는 것이다. 그 마음은 자기가 하나님이며 자기 인생의 통치자가 되기 때문이다. 이는 마치 객차가 기관차를 제쳐놓고 기관차 노릇을 하려고 하는 것과 같다. 어리석은 일이다. 하나님을 신뢰하는 믿음과 의지하려는 마음을 가질 때만이 그 인생의 성공과 풍요로움을 보장할 수 있다.

1999년 국민일보에 게재된 '겨자씨'의 내용을 소개하여 이해를 돕고자 한다. 벤자민 프랭클린(Benjamin Franklin)은 피뢰침을 찾아내 인류에게 희망을 준 성공자였다. 그의 성공은 우연히 이루어진 것이 아니었고 독서와 신앙의 결과였다. 그는 학교라고는 고작 1년밖에 다니지 않았으나 누구보다도 해박한 지식을 갖고 있었다. 그 지식은 독서를 통해 많은 정보를 얻었고 그것을 실용에 옮겼다. 그에게는 두 사람의 훌륭한 스승이 있었는데 어머니와 담임목사였다. 어머니는 그에게 잠언 22장 29절을 인생의 지침으로 살도록 했다. "네가 자기 사업에 근실한 사람을 보았느냐 이러한 사람은 왕 앞에 설 것이요 천한 자 앞에 서지 않으리라." 프랭클린은 항상 자신의 일에 근면하고 성실한 자세로 이 교훈을 늘 그대로 실천했다.

프랭클린에게 삶의 원리를 가르쳐준 또 한 사람의 스승은 마트(Matt) 목사였다. 프랭클린은 소년 시절부터 마트(Matt) 목사가 가르쳐준 13가지 생활덕목을 가슴에 간직하고 실천했다. 그것은 절제, 침묵, 질서, 결단, 절약, 근면, 진실, 정의, 중용,

청결, 침착, 순결, 겸손이었다. 프랭클린은 이러한 13가지의 생활수칙을 원칙으로 준수하며 살았다. 프랭클린이 성공적인 인생의 삶을 살 수 있었던 것은 바로 어머니의 성경적인 인생관과 마트 목사의 청교도적 신앙의 교육이었다.

우리 주위에는 보이지 않는 많은 스승이 있다. 다만 사람들이 그 스승을 찾지 못하고 가르침을 따르지 않을 뿐이다. 하나님을 의뢰하는 신앙은 인생의 가장 위대한 스승이며 미래의 확고한 성공을 보장하는 으뜸 되는 요소이다. 성공적인 인생으로 살아갈 수 있도록 인도하는 신앙에 자신의 모든 것을 맡길 때 성공은 가깝게 다가온다. 자신의 눈을 크게 뜨고 스승을 찾아가자.

필요한 사람

세상에 존재하는 모든 만물은 반드시 있어야 할 곳에 있을 때 아름답다. 꽃밭에 꽃이 있어야 한다. 그런데 그 꽃밭에 쓰레기가 가득 차 있을 때 흉하다. 쓰레기는 쓰레기장에 있어야 제격이다. 이처럼 만물은 있어야 할 곳에 있을 때 가치가 있다.

모든 만물은 다 필요한 존재들이다. 태양과 바다, 그리고 공기와 나무들은 꼭 필요한 존재들이다. 만물의 영장이라고 하는 사람도 이 세상에서 가장 필요한 존재로 만들어졌다. 그러나 에덴에서의 유혹을 물리치지 못한 사람은 에덴에서 추방 후로 죄로 가득 차 여러 종류의 사람들이 실존하게 됐다. 정말로 세상에 없어서는 안 될 독보적인 사람이 있는가 하면 없어서도 될 사람이 가끔씩 보인다.

영국의 경험주의 철학자인 프랜시스 베이컨(Francis Bacon)은 사람은 세 가지의 형태로 분류하여 말한 적이 있다. 즉 개미형, 거미형, 마지막으로 꿀벌형의 사람이다. 먼저 개미형의 사람은 부지런하고 단결심도 있고 성실한 면이 있다. 하지만 개미는 자기들끼리만 잘 뭉치는 습관이 있으며 타 종류의 개미는 배격한다는 것이다. 그래서 개미형의 사람을 '개인주의형 인간'이라고 한다. 언제든지 자신의 이익과 이해에만 관여하는 인간에 대해서 이렇게 말한다.

두 번째는 거미형의 인간이다. 거미는 일도 안 하고 잠만 자다가 거미줄에 걸려든 곤충의 피를 빨아 먹고 산다. 이처럼 거미형의 사람은 자신이 노력하지 않고 남의 등을 쳐서 먹고 살며 편안하게 살아간다. 베이컨은 이러한 사람을 가르쳐 '있어도 좋고 없어도 좋은 사람' 이라고 한다.

세 번째는 꿀벌형의 사람이라고 한다. 꿀벌은 조직력도 강하고 부지런하여 열심히 자신이 벌어서 먹고사는 곤충이다. 그리고 꿀벌은 자신들을 위해서 먹기도 하지만 남에게 베푸는 것이 특징이다. 즉 이 꽃에서 저 꽃으로 날아다니면서 많은 꿀을 묻혀주며 또한 꽃의 생존을 위해 헌신하는 것이다.

베이컨은 이처럼 꿀벌형의 사람은 '꼭 필요한 사람'이라고 지적한다. 꿀벌형의 사람은 꿀벌처럼 열심히 자신을 위해 일하면서도 남에게 이익을 주는 사람이다. 즉 서로가 공존하는 마음을 갖고 행동을 한다는 것이다. 이러한 사람을 가리켜 이타주의 사람이며 헌신적이고 희생적인 마음을 가지고 있는 사람이라고 한다. 이러한 사람은 가정과 사회, 교회와 국가에 반드시 필요한 사람이며 이 땅에 실존할 목적을 갖는다는 것이다. 인생의 참다운 삶을 살아가는 부류이다.

현대인은 자신을 위해서는 최선을 다한다. 즉 10이라는 능력이 있으면 그 10을 자신을 위해서 살아가고 있다. 남을 위하는 마음과 배려는 별로 신경을 쓰지 않는 것이다. 아무리 시류가 바뀌었어도 남을 배려하고 사회와 사람이 꼭 필요로 하는 사람으로 살아야 한다. 우리 주님은 인류를 위해 평생을 사신 분이다. 꿀벌 같은 삶을 사신 분이다. 우리도 꿀벌형의 사람으로 교회와 사회 그리고 국가에 꼭 필요한 사람이 되자.

타이밍(timing)

타이밍이란 시간의 적절한 조절을 통해 가장 효과적인 때와 결과를 얻는 정점을 말한다. 예를 들면 야구경기에서 9회 말 그것도 만루 상태의 3대0으로 뒤져있는 상황, 마지막 타자가 상대방의 투수가 던진 볼을 배트에 정확히 맞힘으로 만루 홈런이 되었을 때이다. 이것은 자신에게 속한 팀뿐만 아니라 자기 팀을 좋아하는 팬들에게 승리와 기쁨이라는 엄청난 희열을 준 것이다.

타이밍은 단 한 번의 기회로 최대의 희열과 기쁨을 가져다주는 시간의 정점이다. 타이밍은 운동뿐만 아니라 인간의 모든 생활에도 적용되는 주요한 삶의 명사이다. 타이밍을 잘 맞추는 사람은 성공이 보장되고 건강하며 인생이 풍요로워진다. 반면 타이밍을 맞추지 못한 인생은 곤고하고 힘들다. 이는 마치 공부를 해야 하는 시기를 놓친 사람이 고달프며 어려움을 당하는 것과 같은 이치이다. 타이밍이 적절한 삶은 자신뿐만 아니라 타인에게도 항상 생명과 풍요로움을 선물한다.

미국에서 있었던 일이다. 신앙이 좋은 한 청년이 귀한 사람으로부터 선물 받은 십자가 있었다. 가로에는 "하나님은"이라고 적혀있고 세로에는 "지금도 당신을 사랑하고 계십니다"라는 십자가였다. 그 청년이 여행 중에 한 레스토랑에 들어가 커피를 마시고 있었다. 자신의 시야에 들어온 한 여인이 수수한 옷차림으로 조용히 앉아 있었다. 그때 갑자기 "십자가를 그 여인에게 주어라"라는 음성이 들렸다.

청년은 놀라서 눈이 휘둥그레졌다. '너의 십자가를 그 여인에게 주어라'라는 소리가 다시 분명하고 또렷하게 들렸다. 청년은 다른 사람들도 들었는가 싶어 주위를 둘러보았는데 다들 잠자거나 이야기 중이었다. 청년이 잠시 망설이고 있을 때 또다시 '십자가를 나 하나님이 주는 것이라고 말해라'라는 또렷한 음성이 또 들려왔다. 청년은 하는 수 없이 십자가를 주머니 속에서 꺼냈다.

청년이 가까이 다가가 그 여인을 보게 되었고 앉아 있는 여인의 모습이 반은 정신이 나간 사람의 모습이었다. 청년은 하는 수 없이 십자가를 그 여인의 탁자 위에 놓고서 "하나님께서 저의 십자가를 아주머니에게 주라고 했어요" 하며 말을 걸었다. 그때였다. 아주머니는 글씨가 새겨진 십자가를 보고서 울기 시작했다. 청년은 당황했다. 청년은 다가가서 "아주머니 왜 그러세요" 하자 그 여자는 가방에서 천천히 손을 뺐다. 손에는 권총이 쥐어져 있었다.

청년은 놀라서 일어서려고 하자 여인은 청년을 붙들고 다음과 같이 이야기했다. "저는 제 생애의 마지막 차를 마시러 레스토랑에 왔던 것입니다. 딸은 몇 달 전에 죽었고 남편마저 나를 버리고 떠났어요. 모든 것이 끝났다고 생각했고 하나님도 나를 버리셨다고 생각했어요. 그런데 하나님이 저를 사랑하신다는 것을 당신이 알게 해주었어요" 여인은 미소를 지으면서 "이제는 살아갈 자신이 있어요" 하며 일어서는 것이었다.

타이밍은 기쁨만을 선물하는 것이 아니라 생명을 주는 단어이다. 타이밍은 신앙생활에서도 절대적이다. 지금 드리는 예배, 기도, 봉사가 마지막일 수도 있다. 전도는 생명을 전달하는 마지막 타이밍이다. 전도하는 일에 최선을 다하는 모습은 아름답다.

죽음

　의학적으로 죽음은 세포로 조직된 장기와 신체(身體)가 정지되는 상태를 말한다. 죽음은 폐의 세포가 소멸되어 숨쉬기가 어려울 때나, 심장 세포 수명이 마침으로 박동이 멈추었을 때 모든 기관이 정지되는 것을 말한다.

　신학적으로는 흙으로 빚어진 육신의 수명이 다 되어 신이 불어넣었던 그 생기(영혼)가 떠나가는 현상을 말한다. 육신과 영혼의 분리 즉 죽음은 인간(아담)이 지은 죄 때문에 일어나는 결과라고 설명한다. 더불어 죽음은 그 자체로 끝나는 것이 아니라 또 다른 피안의 세계 즉 영혼들이 모여 사는 곳(천국)으로 가는 단계이기도 하다. 죽음이 끝이라고 하는 사람은 비 신앙자들이며 하나님을 알지 못한 자들이다. 그리고 소망이 없다. 그러나 신앙자들은 새로운 세계, 내세의 아름다운 곳이 있다고 믿는다. 이들의 차이는 죽음에 대한 관점이다.

　사람들은 죽음 없이 영원히 살아갈 것을 소망한다. 그러나 예기치 않는 죽음이 닥쳐왔을 때 심한 반발을 하면서 각기 다른 반응을 나타낸다. 역사상에서 이름을 날렸던 영웅들의 죽음에 대한 반응이 기록과 전설로 남아있다.

유럽을 통합했던 나폴레옹은 죽는 순간에 자신이 가장 사랑했던 세 가지를 중얼거렸다고 한다. "내 조국 프랑스여!! 충성스러운 군인들아!! 사랑하는 아내 조세핀아" 그의 독백에는 인생을 여기서 마감하는 짙은 아쉬움을 나타내고 있다. 위대한 음악가인 베토벤은 죽음을 맞이하면서 마지막 고뇌하는 마음속에 진한 허탈감과 체념 즉 "친구여 이젠 희극은 모두 끝났네"라는 말을 했다. 톨스토이는 죽음에 대한 불안과 공포에 휩싸이면서 "이제 나는 어찌할 것인가?" 하면서 내세에 대한 극도의 공포감으로 죽었다. 유명한 독재자인 스탈린은 임종할 때에 두 눈을 부릅뜨고서 죽음을 완강하게 거부하다 죽었다. 그 거부의 내용은 "내가 이루어놓은 공산주의는 어떻게 할 것인가?" 아쉬워하면서 왼손을 저으며 두 눈을 뜨고 죽었다고 한다. 현대 한국의 유명한 승려였던 성철 스님이 죽을 때 사미승이 전해 들은 내용은 다음과 같다. "지금 극락이 아니라 지옥의 나락으로 떨어지는구나 아! 속고 살았다!" 하며 죽었다고 한다.

그런데 일반적인 것과는 전혀 다른 모습의 죽음도 역사상에 있었다. 전 인류의 죄를 대신 짊어지고 십자가에 못 박힌 하나님이셨던 예수는 "아버지여 저희의 죄를 사하여 주옵소서 저들이 하는 것을 알지 못하나이다." 그리고 "다 이루었다." 하며 평안한 죽음을 맞이했다.

종교개혁을 했던 루터도 마지막 임종 때 "저의 영혼을 주께 의탁하나이다." 하며 미소를 띠며 죽었다. 요한 칼빈도 "나의 영혼이 아버지의 나라에 있게 하심을 감사하나이다," 라며 죽었다고 한다. 이 땅에 살고 있는 우리도 언젠가 죽음을 맞이해야 하는 통과의례를 남겨둔 실존들이다. 나는 어떤 죽음을 맞이할까 생각해보는 것도 의미가 있을 것이다.

미리 자신의 죽음을 준비하는 사람은 지혜로운 자이다. 겨울 동안 얼어붙었던 대지에 봄의 따뜻한 햇살이 비치면 죽은 것 같았던 나무에 파란 잎이 돋아나듯, 부활이라는 소망을 준비할 수 있기 때문이다. 새 생명을 바라보는 지혜로운 사람이 되자.

부활(復活)

인간에게 있어서 대명제 즉 진리 중 하나는 인간은 반드시 죽는다는 것이다. 그 죽음이 어떻게 오게 되었는가? 성경 야고보서 1: 15절에 '욕심이 잉태한즉 죄를 낳고 죄가 장성한즉 사망을 낳느니라' 라고 증언하고 있다. 그러므로 인간은 반드시 죽어야 한다는 필연적인 진리 앞에 누구도 감히 이것을 거부할 성자나 영웅은 아무도 없는 것이다.

불교를 창시한 석가모니도 죽음 앞에서는 무력한 인간임을 스스로 나타내고 있다. 그 예로 인도에서 '코마미라' 라는 한 여인이 사랑하는 외아들이 사고로 갑자기 죽게 되었다. 그녀는 하늘이 무너지는 슬픔을 안고 울면서 아들을 살려달라고 아우성을 치게 된다. 이 슬픈 여인에게 한 도인이 '기원정사'에 가면 도를 닦고 있는 석가라는 기인이 있으므로 혹시 살릴 수 있을 줄 모르니까 그곳으로 가보라고 한다. 여인은 죽은 아들을 데리고 석가에게 가서 아들을 살려달라고 애원하게 된다. 석가는 빙그레 웃으면서 살릴 수 있는 한 방법을 가르쳐 주게 된다.

그 방법은 사람이 한 번도 주검이 나간 적이 없었던 집에서 겨자씨 한 되를 가져오는 것이었다. 여인은 기쁜 마음으로 마을로 내려와 집집을 돌아다니면서 겨자씨를 얻고자 다니게 된다. 그러나 며칠이 되지 못해 여인은 포기하고 석가에게 돌아와서 다음과 같이 말한다. "집집을 다니면서 겨자씨를 얻었으나 사람이 한 번도 죽지 않은 집이 없어서 구해오라는 겨자씨 한 되를 얻을 수 없어 돌아왔습니다."라고 하소연하면서 우는 것이다.

　그때 석가는 여인에게 "어리석은 여자여! 사람이 누구나 죽고, 한번 죽으면 그것으로 끝이지 어떻게 살아날 수 있는가?" 그리고서는 석가는 죽음에 대해서 더 이상 말하지 않고 그냥 참선만 했다는 것이다. 맞는 이야기이다. 세상의 어떠한 종교나 성직자, 영웅 심지어 왕도 하나님이 정하신 죽음을 되돌릴 수 없다.

　그러나 예수님은 죽은 나사로를 나흘 만에 살리셨고 자신도 죽은 지 사흘 만에 죽음을 정복하고 부활하셨다. 그리고 우리 인류에게 희망의 메시지를 다음과 같이 주신다. "나는 부활이요 생명이니 나를 믿는 자는 죽어도 살겠고 무릇 살아서 믿는 자는 영원히 죽지 않으리라"(요11장 25-26절) 하신다.

봄이 오면 천지가 생명의 푸른 색깔로 단장을 한다. 나무 잎 새처럼 푸른 인생을 살아가는 소망은 예수의 부활에 연합할 때 생겨난다. 죽음을 이기고 다시 소생하는 봄처럼, 인생의 죽음을 이기신 예수님을 바라보며 소망과 환희의 마음으로 부활 신앙을 가져보자.

제2부

행복

행복(幸福)

　행복은 모든 사람들이 바라는 소망이다. 그 행복을 이루기 위해 사람들은 최선을 다한다. 그 최선은 마음과 행동을 바르게 하며, 긍정적 적극적인 사고로 노력하며 일관한다. 그러나 행복의 조건을 자아 중심적이고 개인적인 곳에서 찾으려는데 문제가 있다. 그것은 자신만이 행복하면 된다는 이기적인 마음이기 때문이다.

　공동선이 아닌 개인의 선만을 위한 행복추구는 불행을 가져오게 되며 모두가 망하게 된다. 즉 자신만이 실존하려는 그 발상은 행복이 아니라 오히려 투쟁과 분노, 그리고 비극을 가져온다. 행복의 참다운 조건은 개인 이익보다는 공동이익을 위한 마음에서 전제해야 한다. 그렇게 할 때 공동체 안에서 진정으로 행복해지는 것이다. 이해를 돕기 위해 인간 자신들의 몸에 있는 기관들의 비교를 통해 설명하고자 한다.

　인간(영혼육)은 유기체로 구성되어 있어서 각 기관이 자신에게 주어진 일뿐만 아니라 몸 전체를 위해 실존한다는 것을 망각해서는 안된다. 만약 몸의 어떤 한 기관이 주어진 일을 자신만이 중요하다고 생각하면서 타 기관의 실존을 부정하고 거부하면 인간이라는 몸은 불행해지고 만다. 예를 들어보자. 손과 위가 개인적인 실존의 우위성을 들먹이면서 서로 다툼을 벌였다. 심술이 난 손이 위를 향해서 시비를 걸며 음식을 집어넣는 일을 중단한다. 그 이유는 "위라는 자네는 내가 넣어주는 음식을 받아먹으며 놀고만 있지 않은가?"라는 시기심이었다. 그리고 손은 놀기만 하는 위를 자신의 노동과 비교하면서 억울한 생각이 들어 위를 혼내주고자 숟가락질을 십여 일 동안 멈추었다.

이런 일이 계속되자 온몸에 힘이 빠졌다. 위의 활동이 중단되면서 머리와 발 그리고 손도 기력을 잃고 말았다. 몸의 모든 기관이 힘들다며 점점 혼미한 의식으로 치닫게 된 것이다. 더불어 몸이라는 전체의 실존이 점점 위기 속으로 치닫게 될 때 손이 눈물을 흘리면서 "위야, 내가 잘못했어! 내가 해야 할 일과 자네가 해야 할 일을 서로 존중했더라면 이렇게 힘들지는 않았을 것을, 이제는 서로가 원망하지 말고 자기에게 주어진 일에 최선을 다하면서 살아가자." 하며 말했다. 손은 몸이라는 거대한 공동체를 위해 자신이 하는 일이 소중한 것을 깨달았다. 그리고 '위'라는 기관도 하는 일도 얼마나 소중한 것이라는 것을 깨달았다.

서로의 실존을 인정하고 주어진 일에 최선을 다하자 몸을 다시 살아나게 되어 활력을 찾은 것이다.

그렇다. 행복은 주어진 공동체 안에서 자신에게 주어진 일과 상대방의 일까지도 소중하다는 것을 알 때 얻어진다. 행복은 독창이 아니라 하모니를 이루는 합창이다. 옛글에 일인백보불여백인일보(一人百步不如百人一步)라는 말이 있다. 이는 한 사람이 백 보를 걷는 것보다도 백 사람이 함께 일보를 같이 걸을 때 다 같이 행복해진다는 뜻이다. 즉 행복의 참다운 조건은 개인을 위한 것보다는 공동체를 위한 비전이다.

자신이 중요하지만 타인도 소중하다는 것을 인정하고 서로가 주어진 제자리를 지킬 때 행복을 얻을 수 있다. 성경은 "무리에게서 스스로 나누는 자는 자기 소욕을 따르는 자라 온갖 참 지혜(행복)를 배척하는 자라"(잠 18:1)라고 말한다. 참 지혜자는 모든 사람과 더불어 행복을 구하는 자요, 그것을 실행하는 자이다.

영성(靈性)

영성은 영어로 'spirituality'로 표기하는데 이는 신적 성품 (divine nature)을 말하는 기독교 신앙용어이다. 보수적 기독교에서는 영성이라는 말 대신 경건(pietism), 경건주의로 말하기도 한다. 영성은 본래 중세 초기 스콜라 철학에서 유래한 것으로 신령스럽게 총명한 품성(品性), 또는 천부(天賦)의 성질, 총명이라는 의미로 사용되었다.

스콜라 철학자들은 희랍의 철학과 기독교 신앙, 신학을 어떻게 조화시켜 새로운 패러다임을 만들 것인가를 궁리했다. 그 과정에서 영성이라는 철학적 단어를 기독교적 관점에서 '어떤 사상을 소유하는가?' 라는 의미로 변혁시켜 사용했다. 즉 '어떤 정신을 가지고 살 것인가?' 또는 '누구의 정신을 가지고 살아갈 것인가?'라는 신앙의 명제에서 출발한 것이다. 그러므로 기독교 영성은 예수의 사상과 인격을 담고 살아가는 성품을 말한다. 또한 예수의 이름으로 오시는 성령의 인격으로 살아가는 것이다.

왜 크리스천은 영성의 소유자가 되어야 하는가? 먼저 존재적 (Being)인 차원에서 하나님은 영이시며, 인간은 하나님의 형상을 받아 창조되었기 때문이다. 그러므로 크리스천은 영성의 소유자가 되어야만 하는 당위가 여기에 있다.

특히 크리스천은 신앙이라는 차원에서 살아가야 하는 피조물이다. 신앙은 사람이 실존하는 근원이며 신의 뜻을 이행하는 통로이다. 기독교 영성이 없는 크리스천은 실존을 포기한 것이며 사지(死地)로 인도되는 불행한 일이다. 영성 없는 삶은 죽음이요 비참함에 이르나 영성을 소유할 때 객관자이신 하나님과 생명을 만나기 때문이다.

다음으로 영성의 소유자가 되어야 할 이유는 존재의 보조인 사역(Doing)이라는 차원에서 승화되어야 하기 때문이다. 하나님은 어떤 기술이나 세상 방법이 아니라 당신의 마음에 합당한 사람을 통해서 구원 사역을 이루어 가신다. 이는 하나님이 영성을 소유한 자와 더불어서이다.

그러므로 크리스천은 '자신을 위해 무엇을 할 수 있는가'라는 역량과 능력보다는 '자신이 어떠한 사람인가'라는 본질의 문제를 인식하는 것이 중요하다. 즉 자신의 마음을 비우고 하나님

앞에서 어떠한 사람이 될 것인가와 내가 하나님을 위해 무엇을 할 것인가라는 양면성을 놓고 고민하는 영성을 가져야 한다. 그렇게 할 때 하나님의 사역에 합당한 그릇으로 사용된다. 그러므로 영성은 하나님의 사역에 동참하는 차원에서 절대적으로 필요한 믿음의 보조자이다.

루터는 기독교 영성이 인간으로부터 출발한 것이 아니라 하나님으로부터 출발한 경건임을 강조했다. 즉 영성은 자신의 영혼을 성화시키는 존재적 차원의 본능이며, 동시에 세상에서 순례자의 삶으로 하나님과 이웃을 위한 봉사 사역임을 강조한 것이다.

하나님은 교회의 부패와 물질주의 세속주의로 혼탁해진 세상을 정화할 때마다 영성을 소유한 자를 일으키셔서 사용하셨다. 이 사명을 감당하기 위해서는 영성을 소유한 크리스천이어야 한다. 참다운 영성은 기도, 말씀에 조건 없는 순복을 이행할 때 생긴다. 건강한 교회와 신앙, 사명을 감당할 도구로 사용되기 위해 건강한 영성을 소유하자.

복(마카리오스)

복(福)이라는 사전적인 개념은 '행복함' 또는 '좋은 운수나 풍요한 물질'이라는 말로 표현하고 있다. 복에 대한 이러한 표현은 동양적이며 물질적인 개념이다. 동양에서 말하는 '복' 자를 살펴보면 '옷 의(衤)' 자에 '한 일(一)' 자 밑에 '입 구(口)' 자가 있고 그 아래에 '밭 전(田)' 자가 있다. 이 의미는 "한 벌 옷을 입고 한 입에 풀칠이나 할 수 있는 전답이 있는 것이 복이다" 라는 뜻이다. 이는 철저하게 물질적이며 현세적인 개념으로서 복을 말한다. 동양에서 말하는 복은 다분히 인간 중심적이며 물질을 소유하는 것에 초점이 맞추어져 있다.

동양의 복 사상은 모든 것이 인간 중심적이며 현재의 생활과 재(財)에 편중되어있는데 특히 오복을 누리는 자가 복이 있다고 한다. 오복 중 첫째 복은 오래 사는 것(壽), 두 번째 복은 부(富)를 많이 가지는 것, 세 번째는 강녕(康寧)하여 건강하게 사는 것, 네 번째는 유호덕(攸好德)하여 덕을 많이 가지는 것, 다섯 번째로 고종명(考終命)이라 하여 자기 명대로 천수를 다하고 사는 것이다. 이처럼 동양의 복은 인간의 희망과 물질에 그 목적을 둠으로 현세적인 복 개념이다.

성경적 복의 개념은 영적이며 인격적이다. 성경에서 말하는 복은 구약에서는 바락으로, 신약에서는 마카리오스로 쓰고 있다. 여기에서 말하는 복의 의미는 3가지의 특질을 가지고 있다. 첫째로 하나님의 존재나 성품을 사용할 때 복의 개념을 말하고 있다. 둘째는 하나님께 바친다는 개념이다. 세 번째는 사람의 생애에 기여한다는 의미이다.

성경에서 말하는 복의 의미는 물질적으로 받는 개념이나 소유하는 개념이 아니라 먼저 하나님의 형상대로 이상적인 인간이 되는 것이며 다음으로 봉사하고 헌신하며 남을 유익하게 한다는 의미로서의 복 개념이다. 참된 복은 받는 것보다는 남에게 자신과 물질을 기여하고 희생한다는 데에 초점을 두고 있다. 그래서 성경적 복은 하나님 중심(Theocentric)이며 그 원천이 하나님께 있어서 우리의 인격을 완성시킨다.

그러나 일부 기독교인들은 복의 개념을 오해하여서 참된 성경적 복을 모르고 신앙생활을 하고 있다. 즉 하나님을 믿으면 만사형통한다든지, 헌금을 많이 내면 더 많은 복을 받으며, 교회 생활을 잘하고 열심히 기도하면 고통이 없고 평안한 삶을 살아간다는 기복적 신앙으로 착각하는 것이다.

성경적 복은 나의 몸을 헌신하여 남을 평안하게 하는 것이며 나의 헌신으로 타인이 기쁨을 누리게 하는 것이다. 모든 면(영적, 육적)에서 주어진 자신의 십자가를 지며 희생하는 인격과 정신으로 살게 될 때 성경에서 요구하는 참된 복을 행하는 자가 된다. 고난과 희생을 감내할 때 자신은 물론 모든 이에게 행복을 가져다준다. 이렇게 솔선수범하며 작은 일에 최선을 다하여 나갈 때 작은 예수의 모습으로 완성되는 것이다.

사도 바울은 받는 자보다 주는 자가 복이 있다고 했다. 복을 받으려고만 하지 말고 몸과 인격으로 사랑으로 타인에게 주는 마음을 가지자.

"지금 죽는다면"

　죽음의 보편적 의미는 숨을 쉬지 않으므로 육체의 모든 활동이 정지된 것을 말한다. 의학적인 표현을 빌리면 세포 속에 연속적인 생리적 변화가 불가역적(不可逆的)으로 되어 정지되는 상태라고 한다. 특히 죽음을 삶의 종착이라고 하여 인생의 모든 것이 끝나는 것으로 간주한다. 성경은 인간이 육체적 죽음을 맞이하게 된 것은 아담과 하와의 죄 때문에 나타난 숙명적인 결과라고 말한다. 더불어 모든 인간은 반드시 죽음이라는 통과의례(通過儀禮)를 맞이해야만 하는 슬픈 실존들이라고 지적한다.

　죽음은 미지(未知)의 사건이며 두려움과 불안을 가져다주는 슬픈 사실이다. 실존주의 철학자 키에르케고르(Kierkegaard)는 "죽음에 이르는 병"이라는 저서에서 인간의 죽음은 죄 때문에 일어난 것이며, 죄는 절망적인 것이라 하여 죽음에 대한 '불안의 개념'을 한층 더 심화시키고 있다. 속설(俗說)에 '죽음은 편작(扁鵲)도 할 수 없다'고 한다. 이는 어떠한 명의(名醫)도 죽음을 저지할 수 없다는 것을 지적하고 있다. 맞는 말이다. 죽음은 모든 인생에 있어 반드시 찾아오는 무서운 현실이며 슬픔이다.

사람들은 자신이 영원히 살 것이라는 환상 속에 살아가고 있다. 수만 년 살 것 같은 마음으로 세상에 소망을 두고 산다. 다이너마이트를 발명하여 세계적인 대 부호가 되었던 알프레드 노벨(Alfred Novel)도 자신의 풍요로운 삶이 오래도록 지속되리라 생각한 사람이었다. 그런데 어느 날 프랑스를 여행하던 중 호텔에서 석간 신문을 보고서 깜짝 놀랐다. 신문 1면에 실린 내용은 "알프레드 노벨 사망" 이라는 톱기사였다. 사실 그 기사는 오류로 실려진 것이었다. 즉 그의 형이 죽었는데 자신의 이름으로 신문에 기재된 것이었다. 그러나 노벨은 그 기사를 읽고서 하루 내내 우울한 마음으로 충격에서 헤어나지 못하고 있었다. "만약 내가 지금 죽는다면"이라는 생각으로 골몰했다.

노벨은 장고(長考) 끝에 세계적인 발명가라는 명예와 엄청난 재물도 죽으면 한낱 거품에 지나지 않는 것이라는 것을 깨달았다. 그리고 돈과 명예는 생명과는 무관한 보잘것없는 장식품에 지나지 않음도 깨달았다. 더불어 죽음의 권세를 가지고 있는 전능하신 여호와를 발견했고 자신이 아담의 후손이며 죄인임을 깨달았다.

또한 인류의 평화, 그리고 산업증진과 발전에 기여할 것으로 생각했던 다이너마이트가 인간을 살생하는 무기로 사용될 수 있다는 사실도 깨닫고 그는 깊은 죄의식에 빠지기도 했다. 노벨은 형의 죽음이라는 신문기사의 오보를 통해 삶과 죽음을 새롭게 인식하며 결단하였다. 자신의 발명품으로 벌게 된 전 재산을 국가에 헌납하고 그 기금으로 노벨상을 만들기로 결단한 것이다. 노벨상의 위대성이 여기에 있다.

"내가 지금 죽는다면"이라는 '죽음'에 대한 깨달음은 인류의 역사를 새롭게 바뀌게 하였다. 인생은 기억해야 할 두 가지 진리가 있다. 하나는 인생의 미래에 있어서 가장 확실한 것은 죽음이 반드시 온다는 것이고, 두 번째는 미래에 가장 불확실한 것은 사람은 언제 죽을지 모른다는 것이다. 우리도 '내가 지금 숨을 거둔다면' 제일 먼저 무엇을 할까? 깊은 생각을 하는 문제이며 확고한 답을 찾는 것이 필요하다. 인생에 있어 진정 소중한 것이 무엇인지 골몰해보자.

행복

　행복(幸福)은 좋은 일들로 운수 대통하는 것이며 정신적으로 만족감을 느끼는 상태를 말한다. 맛있는 음식을 먹을 때 느끼는 감정, 사랑하는 애인으로부터 사랑한다는 고백을 들을 때, 제자나 자식이 생일날에 즐겁게 해줄 때 느끼는 포근한 감정이 행복이다.

　이처럼 행복은 커다란 것에 있는 것이 아니라 작은 관심과 사소한 일속에 있다. 사람들은 주위에서 많은 행복을 맞고 있으면서도 그 행복을 느끼지 못하며 살아간다. 더 크고 좋은 행복이 올 것이라는 막연함과 기다림으로 살아가고 있다. 사람들은 그 행복이 먼 곳에 있는 줄로만 착각한다. 그러나 행복은 저 산 너머 멀리 있는 것이 아니라 아주 가까운 곳에 있다. 가까운 곳에 있는 행복은 우리 마음속에 자리하며, 다음으로 주어진 일에 있다.

　행복에 관한 일로 하늘에서 신과 천사들이 회의하게 되었다고 한다. 한 천사가 행복을 강한 국가에 두자고 했다. 그러나 나라를 점령한 자가 차지하게 되면 문제가 있다고 하여 부결됐다. 또 다른 천사는 가장 높은 산에 행복을 두자고 제안했다. 그러자 천사들이 이구동성으로 "그 산을 정복한 사람만이 갖게 되면 이것도 문제가 있다"라고 했다. 그래서 회의를 거듭한 결과 천사들이 행복을 사람의 마음과 그들이 하는 일에 두자고 만장일치로 결정했다고 한다. 사람의 마음에 둠으로써 긍정적이고 바른 사고를 가진 모든 사람은 다 행복해질 수 있도록 하게 한다는 이유에서이다. 아주 지당한 것이다.

행복은 유동적이다. 행복은 어떤 마음을 가지느냐에 따라 주어진다. 긍정적이고 적극적인 사고(思考)를 가진 자에게는 항상 행복이 머문다. 반면 그 반대의 사고를 가진 자에게는 항상 행복은 멀게만 있다. 그리고 행복은 자기에게 주어진 일에 불평 없이 감사하는 마음으로 열심히 할 때이다. 현대인들은 이 단순한 행복의 진리를 모르며 살고 있다.

10여 년 동안 초등학생을 가르치는 여교사가 갑자기 병이 들어 1개월 정도 병원에 입원하게 되자 반 애들이 문병을 와서 재미있는 시간을 가지게 되었다. 늘 짐으로만 여기며 가르쳤던 애들이 와서 위문하고 웃으며 위로하자 참으로 고마웠다.

고마움의 표시로 준비했던 사탕을 학생들에게 골고루 나누어 주자 학생들은 우르르 몰려오면서 '사탕을 저에게 더 주세요' 하며 졸랐다. 그러자 그 여교사는 장난삼아 '나는 너희들에게 맛있는 사탕을 주었는데, 너희들은 나에게 무엇을 주었니?' 하고 물었다. 그때 한 아이가 '우린 선생님께 우리와 행복을 드렸잖아요' 하고 대답했다.

교사는 그 말에 충격을 받았다. 지긋지긋한 병원 생활에 지친 교사는 늘 어린이와 생활하면서 짐으로만 여기고 가르쳤던 것이라고 생각했는데 그 자체가 행복이었으며 아이들이 곧 나의 행복이었다는 것을 깨달은 것이다. 우리는 하는 일을 짐스럽게만 여기는 마음이 있었다면 생각을 바꾸어 보자. 이것이 행복이라고… 그리고 내 마음속에 있는 행복을 쫓아내지 말자.

이웃

이웃이란 어원의 협의적인 의미는 '가까이 있는 곳' '가까이 살고있는 집과 사람'을 말한다. 이웃하여 가까이 살게 되니 정분이 들어 이웃사촌이란 말이 생겼다. 이웃이 멀리 있는 사촌보다 더 낫다는 말은 그만큼 이웃은 가까운 것을 지칭한 데서 나온 말이다. 의미가 있는 말이다.

이웃의 광의적인 의미는 같은 환경 안에서 서로 이해관계가 얽혀 살아가고 있는 집단이나 거기에 소속된 곳을 말한다. 예를 들면 경기도, 전라도, 대한민국이라는 이름 아래 살아가는 것이 이웃이다. 지방은 방언과 사투리로, 국가는 한글이라는 동일한 언어 속에 동질감을 가짐으로 인해 이웃이다. 그리고 역사와 환경문화가 비슷하여 이해관계가 좀 더 가까움이 인지상정이다.

외국에 나갔다가 한글을 말하는 사람을 만나면 같은 민족이라는 반가운 기분이 든다. 이렇듯 이웃은 이해관계 속에 동질감을 가진 것이다. 이웃이라는 말은 그만큼 정겹게 그리고 반갑게 느껴지게 된다.

우리 주위에는 협의적이거나 광의적이든지 이웃과 함께해야 하며 더불어 살아가는 필연적인 관계성이 항존한다. 이웃은 바로 나라는 대비(對比) 속에 항상 존재하는 귀한 자들이다. 그 이웃이 건강해야 나도 건강해지며 이웃이 잘되어야 나도 잘된다는 것이 공동사회의 대원칙이다.

자신의 잘못으로 인하였든지 또는 환경적인 요인으로 인하였든지 이웃이 어렵게 사는 자가 있으며 나아가 소외된 삶을 살아가는 자들이 많이 있다. 안타까운 일이다. 소외되고 어렵게 살아가는 이웃을 위해 국가나 자치단체가 복지라는 정책을 쓰며 법적으로 정해져 있지만 풍부하게 돌아보지 못하는 것이 현대사회의 실정이다.

소외된 이웃은 더욱 고통과 슬픔이 이어져 자살까지 가는 상태도 나타난다. 성경에서는 "그 이웃을 업신여기는 자는 죄를 범한 자요 빈곤한 자를 불쌍히 여기는 자는 복이 있느니라(잠 14: 21)." 라고 선언한다. 주위의 이웃을 돌아보아야 한다는 당위를 몇 번 강조해도 틀리지 않는 것이다. 소외된 이웃을 돌아보는 것은 우리의 관심이며 의무이다.

유대인의 한 제자가 스승인 랍비를 찾아와서 물었다. "가난한 사람들은 비록 가진 것은 없지만 힘이 닿는 데까지 서로 도우며 살려고 하는데 왜 저는 그런 마음이 생겨나지 않을까요?"라고 물었다. 잠시 생각에 잠겨있던 랍비는 "창문을 보아라. 무엇이 보이니?"하고 묻자 제자는 "엄마가 자녀의 손을 잡고 가는 것이 보입니다. 그리고 마차가 한 대 지나가고 있습니다."라고 대답했다.

그러자 랍비는 조용하게 말했다. "이번에는 벽에 있는 거울을 보아라. 무엇이 보이느냐?" 제자는 "제 모습밖에 보이는 것이 없습니다."라고 했다. 그러자 랍비는 "유리창과 거울은 다 유리로 만들었지만 유리에 은 칠을 하게 되면 자신의 모습밖에 보이지 않는다. 우리가 우리의 마음을 비우지 않으면 물질에 욕심을 가지게 되고 이웃을 보지 못하지만 투명한 마음을 가질 때 이웃이 보이는 것이다."라고 했다. 맞는 말이다. 마음을 비우고 따뜻함으로 주위를 돌아볼 때 소외된 이웃이 보일 것이다.

근심

　근심이란 인간의 삶 속에서 펼쳐지는 심한 걱정을 뜻한다. 또
는 어떤 문제가 야기되어 해결하고자 심히 괴롭게 애를 쓰는 것
이다. 근심과 염려라는 단어는 헬라어로는 '분열하다' '마음이
어수선하다'라는 뜻이며 영어로는 '심히 걱정함으로 마음이 상
하다'라는 뜻이 있다.

　사람이 세상에 살면서 의식주나 가정과 직장, 또는 그 외 일
들로 인하여 어려움을 만나게 될 때는 마음이 상하고 어수선하
게 되면 마음이 나누어지게 된다고 한다. 이처럼 근심과 염려는
인간의 마음을 아프게 하는 요인이며 자칫하면 정신분열에까지
이르게 되는 커다란 병이다. 심지어는 생명을 잃을 수도 있다.
그러므로 근심 걱정 없는 삶과 사람은 행복하다. 사람이 염려를
버리고 평안한 삶을 산다는 것은 그리 쉬운 일이 아니지만, 사
람이 믿음을 가지게 되면 인생의 진리를 발견하여 담대함으로
이러한 근심에서 떠나게 된다.

예수 그리스도께서는 크리스천에게 '목숨을 위해 무엇을 먹을까 마실까 염려하지 말며, 몸을 위하여 무엇을 입을까 염려하지 말라'(마6: 26)고 강조한다. 그 문맥을 문자적으로 보면 운명주의자로 비칠 수 있다. 그러나 여기서 말하는 의도는 인생을 살아감에 있어서 전혀 어려워하지 말라는 것이 아니라 무익한 일로 인하여 더 중요한 것을 잃지 말 것을 강조하는 것이다.

성경은 세속적이고 무익한 것에 혼연의 힘을 쏟지 말고 근심을 버린 후 믿음으로 우선순위를 정하여 살아갈 것을 강조한다. 예수님은 너희가 이러한 의식주로 인하여 '그 키가 한자나 더 자랄 수 있느냐를' 반문하면서 '들에 핀 백합화나 들꽃을 보라, 이들을 심지도 않고 거두어 들지 않아도 하나님께서 다 먹이고 입히시니라' 고 말하고 있다. 성경은 하찮은 일로 무익한 염려와 걱정을 하지 말고 담대하게 살 것을 요구한다.

17세기 중반에 살았었던 북유럽 영국의 유명한 크리스토퍼 렌(Sir Christopher Wren)이라는 건축가가 있었다. 그가 교회당을 짓기 위해 자기가 연구 개발한 새로운 건축공법으로 설계를 했다. 그 건축법은 둥근(아치형) 천장으로 된 교회당을 세우는 것이었다. 몇 년이 지나서 교회공사는 완성됐다.

렌을 싫어하고 반대하는 건축가들은 그 둥근 아치형의 천장을 기둥으로 받쳐놓지 않으면 곧 무너진다고 관계 당국에 건의하고 진정서를 냈다. 당국은 할 수 없이 다른 건축가들의 의견을 수렴하여 렌에게 두 개의 기둥을 세우게 함으로 기둥을 천장 한가운데에 세웠다. 그런데 50여 년이 지난 후 교회 천장 청소를 하다가 두 개의 기둥이 천장에 닿지 않았음을 발견했다.

모든 사람들은 렌의 공법에 놀라게 되었고 새로운 공법이 가장 완전한 것임을 증명됐다. 쓸모없는 두 개의 기둥을 세속적인 근심이라면 둥근 아치형의 천장은 믿음이라고 비유할 수 있다. 사람들은 무익한 일에 너무 근심하고 매달린다. 인생에 있어 중요하지 않는 것은 가감하게 버리는 것이 중요하다. 그리고 인생의 우선순위와 가치가 어떤 것인가에 대해 근심하는 지혜로움을 가져보자.

역경

역경(逆境)이라는 말은 일이 뜻대로 되지 않는 불운한 처지나, 고생이 많은 불행한 형편을 말한다. 어려운 일을 맞이해보거나 많이 당해본 사람은 역경이라는 의미를 전인적으로 잘 이해한다. 어려운 일이 반복되면 될수록 사람은 역경을 헤쳐나가는 지혜를 터득한다. 이러한 지혜를 순경(順境)이라고 한다. 그러나 불행한 일이나 어려운 일을 당해보지 않고 순탄하게 사는 사람은 역경의 순간이 오면 당황하거나 실패를 맞이한다.

역경 앞에서 인간은 세 가지 형태를 취한다. 먼저 하나는 체념형이다. 체념형은 역경을 만나면 그대로 주저앉는다. 모든 일에 소극적이고 비생산적이며 부정적인 사고로 일관한다. 더불어 염세적이고 비관적인 삶을 유지함으로 결국에는 자살까지 이른다. 슬픈 일이다.

두 번째는 도피형인데 이는 일단 위기만 피해 가면 된다는 땜질종류의 인생을 살아간다. 그리고 항상 일에 있어서 냉소적이고 방관적인 사고를 유지한다. 이러한 형태는 역경이 강하게 몰려올 때면 와르르 무너지는 결과를 맞이한다. 나아가 다른 사람들에게까지도 슬픔과 어려움을 가져다 준다.

세 번째는 돌파형이다. 이들의 생각은 창조적이고 진취적이며 모든 일을 부딪침으로 해결하려는 적극적인 사고이다. 항상 승리와 행복이 탄탄하게 준비된 자들이다. 자신뿐만 아니라 타인에게까지 행복을 가져다주는 순경의 지혜를 가진 자들이다.

앞에 두 가지 형은 인생에 있어서 도움이 되지 않는다. 오히려 인생을 패배자로 만들며 비굴하게 만든다. 나아가 자신과 생을 포기하며 다른 사람에게까지 피해를 주는 체념형과 도피형이다. 인생을 이처럼 살게 될 때 무서운 결과를 다른 사람에게까지 가져준다는 교훈을 보여주고 있다.

그러나 인간은 순경(順境)의 지혜를 얻기 위해서는 돌파형의 사고로 긍정적인 마음과 자연의 지혜에 눈을 돌려야 한다. 자연은 역경을 만나면 항상 피하지 않고 도전한다. 그 지혜로운 자연은 바로 조개와 독수리이다.

조개는 자신의 부드러운 살 속에 들어온 모래를 내보내기 위해 바닷물을 반복적으로 흡입하며 내뱉는다. 이러한 반복적인 과정 속에 조갯살은 모래와 뒤섞여 후에 진주라는 아름다운 물질을 만든다.

독수리는 새끼를 강한 날개를 가진 맹금으로 키우고자 둥지에 가시를 두어서 그 가시를 피해가며 날갯짓을 어렸을 때부터 하게 한다. 이러한 지혜는 역경을 피하지 않고 돌파할 때 나타나는 결과이다.

인간은 만물의 영장이다. 그것은 만물을 다스리며 가장 우수한 동물이라는 것이다. 하찮은 새들보다 강한 이성과 지혜를 소유한 유일한 동물이 바로 인간이다. 만물의 영장답게 인간은 역경을 이겨내는 힘을 가지고 있다. 신(神)이 허락하신 역경을 만날 때 기뻐하자. 인생의 무게를 더욱 무겁게 해주는 역경을 결코 멀리하지 말자.

성공(成功)

성공이란 '자신의 마음속에 품은 것을 얻는다.' 또는 '사회적인 지위나 부를 얻는(win a social position) 것'이다. 좁은 의미에서 성공은 개인의 바람이 성취되는 것이다. 자아 성취적이고 이기주의적인 의미이다. 그러나 성공의 넓은 의미는 '뜻하는 바를 이루어 사회(社會)에 필요한 자가 된다.'이다. 전자는 사적(私的)이지만 후자는 공적(公的)이다. 후자가 훨씬 가치 있는 일이다.

모든 사람은 성공을 바란다. 그러나 인생을 살아가는 동안 적지 않은 실패를 한다. 실패는 인생을 슬프고 힘들게 한다. 많은 실패를 할 때 사람은 자아의 정체성을 상실할 때도 있지만, 적당한 실패는 인생의 약이 된다.

사람들은 성공을 얻기 위해 노력한다. 열심히 공부하고, 운동하며, 부지런히 노력함으로 계획한 일을 이루기 위해 주어진 위치에서 노력한다. 그러나 성공이 눈앞에 보이지만 선뜻 자신에게 다가오지 않는다. 그래서 힘든 것이다. 금방 될듯하면서 다시 멀어지는 것이다. 성공을 얻기 위해서는 비결과 원리를 알아야 한다. 성공의 인자는 마음을 비우는 것과 집중하는 것이다. 쉬운 말이지만 상당히 실천하기 힘든 것이다.

페르시아에서 한 청년이 훌륭한 철학자에게 인생의 성공비결을 물었다. 철학자는 성공은 쉬운 것이 아니어서 쉽게 얻으려고 하지 말라 했다. 그러나 청년은 계속 비결을 알려달라고 졸랐다. 철학자는 청년에게 포도주를 한잔에 가득 채우고 지금 살고 있는 복잡한 시장을 한 방울도 흘리지 않고 돌아오면 그때 성공의 비결을 알려준다고 했다. 청년은 시키는 대로 한 방울의 물도 흘리지 않고 철학자에게 돌아왔다.

그 철학자는 "시장을 돌아보면서 무엇을 보았느냐?" '아름다운 여인을 보았느냐?' 아니면 '거지와 장사꾼을 보았느냐?' 아니면 '술집에서 나오는 음악과 춤을 보았느냐?' '시장에서 물건을 파는 상인들의 말소리를 들었느냐?' '돈 버는 사람을 보았느냐?'라며 여러 가지로 보고 느낀 것을 말하라고 했다. 그러자 청년은 "선생님이여! 저는 포도주 한 방울도 떨어뜨리지 않으려고 노력하다가 아무것도 보지 못한 채 돌아왔습니다." 하였다. 저는 성공을 얻기에는 아무것도 할 수 없는 자인가 봅니다. 하며 자신을 보며 머리를 숙였다.

철학자는 '성공은 한 곳에 집중하고 마음을 비우는 것이며,' '이러한 자세가 성공의 지름길이다'.라고 말했다. 인생에서의 성공은 집중력과 깨끗한 마음을 가질 때이다. 마음을 비운다는 것은 욕심을 버리는 것이다. 집중은 주위로부터 유혹과 비난을 듣지 않는 것이다.

에디슨이 발명가로 성공할 수 있었던 이유는 그의 귀가 잘 들리지 않아 주위의 소리를 듣지 못하고 집중했기 때문이다. 신앙인으로 따지자면 예수 그리스도에게 집중할 때 신앙과 인생이 성공하게 되는 것이다. 뚜렷한 목적과 목표의식으로 집중하자.

경거망동(輕擧妄動)

경거망동(輕擧妄動)은 경솔한 마음으로 가볍고 분수없이 행동하는 것을 말한다. 영어문장으로 보면 그 뜻이 더욱 선명해진다. 'Rash and thoughtless action' 즉 '사고(思考) 없이 천박하게 돌진하는 행동'으로 번역할 수 있다. 경거망동은 사람의 인품을 하루아침에 무너뜨리며 심할 때는 죽음으로까지 가는 무서운 결과를 낳는다. 심사숙고하며 행동하는 사람은 사람을 성숙하게 할 뿐 아니라 지혜로운 자가 되게 하는 첩경이다. 성급한 판단과 행동은 인생에 있어서 절대적으로 금물이다.

인터넷사이트 '햇볕같은 이야기'에 소개된 워털루 전쟁의 영웅 웰링턴 장군의 일화이다. 그는 전쟁을 승리로 마무리하고 귀국 후 부하들을 위해 위로와 격려의 승전파티를 열었다. 육 해 공군의 장성과 장교들이 모여 처절한 전쟁의 기억들을 상기하며 화기애애하게 담소를 나누었다. 웰링턴은 승전 기념사를 마치고 위대한 역사를 창조한 장병들에게 건배를 제의했다. 분위기는 무르익었고 평안한 시간 속에서 파티는 진행되었다.

그때 웰링턴 장군은 전장에서 승리한 후 전리품으로 가져온 보석이 총총히 박힌 지갑을 자랑하려고 모든 하객에게 소리쳤다. "제군 여러분! 잠시 여기를 보세요. 전승물로 가져온 보석 지갑을 보여드리겠소!" 그러나 방금까지 있었던 지갑이 사라져 있었다.

이번에 웰링턴은 또다시 소리쳤다. "보석 박힌 지갑을 찾겠다. 연회장 문을 잠그시오." 덩달아 하객들은 호주머니 검사를 하자고 소리쳤다. 그때 한 노장군이 호주머니 검사를 절대적으로 반대했다. 사람들의 시선이 그 노장군에게 마주쳤다. 노장군은 황급히 잠긴 문을 열고 퇴장해버렸다. 하객들이 그 노장군을 범인으로 지목하자 웰링턴은 경거망동하게 노장군을 직위 해제했다.

1년여 세월이 흐른 다음 웰링턴은 그 장소에서 다시 파티가 시작되자 군 외투를 걸치고 호주머니에 손을 넣다 깜짝 놀랐다. 도둑맞은 줄 알았던 지난번의 지갑이 그 외투 안에 있었다. 웰링턴은 그 즉시로 노장군을 찾아갔다. 그리고 눈물을 흘리면서 용서를 구했다. 그리고 웰링턴이 "왜 검사를 거부했습니까?"라고 묻자 노장군은 "그날 밤 아내와 아이들이 굶고 있었습니다. 그래서 빵을 외투 호주머니에 넣었습니다" 웰링턴은 통곡하면서 재삼 용서를 구했다. 자신이 호화스러운 파티를 여는 동안 부하 장군의 가족은 굶주림에 울고 있었다는 것을 안 것이다. 뒤늦게 자신이 경거망동의 행동을 했던 것을 알았을 때 노장군에게는 이미 죽음이 선고되었던 것이나 다름없었다.

한 사람의 경거망동은 다른 사람에게 슬픔과 죽음을 가져다준다. 반면 심사숙고하는 행동은 생명을 주며 행복을 준다. 행동을 하기 전에 다시 한번 돌아보자. "급히 서두르는 것은 실패의 어머니이나 심사숙고하는 것은 만사형통의 첩경이다." 묵묵하게 서 있는 싱그럽고 청청한 소나무를 보며 인생의 길(道)을 깨닫는 시간을 갖자.

대기만성(大器晩成)

대기만성(great talent mature late)은 큰 솥이나 큰 그릇은 오랜 기간이 걸려 완성된다는 말이다. 웅장하고 아름다운 그릇이 만들어지려면 긴 시간이 걸리듯, 군자가 되는 것은 갑작스럽게 되는 것이 아니라 갖은 고난과 역경을 이겨낸 다음에 이루어짐을 말한다. 대기만성은 인생의 역경과 어려움을 겪어보지 못한 사람은 참 쉬운 말이라고 할 수 있다. 실제로는 인생의 눈물과 한숨, 고초와 인내가 담긴 여정이다. 큰 그릇이 많은 물건을 담는 용도로 쓰이듯, 그릇이 큰 사람은 반드시 역사가 그를 소명(召命)한다.

공자(孔子)도 50세가 넘어서면 지천명의 기간이라고 했다. 오랜 경륜과 인고의 풍상을 겪은 사람은 하늘의 천명을 받아 이 땅이 요구하는 의로운 일을 감당한다는 것이다. 공자도 학문을 닦으며 천명의 기회가 올 것을 기다렸다. 공자는 51세에 비로소 벼슬길에 올랐으나 4년 후에 실각하게 된다. 그러나 공자는 야인으로 돌아간 다음 천하를 주유하고 제자들을 양성하며 평생을 큰 그릇으로 살았다. 공자는 죽은 후 더 큰 그릇으로 인정되었고 수백 년이 지난 지금에도 많은 영향을 미치고 있다. 대기만성의 인물이다.

사마천(司馬遷)은 38세에 관(官)으로부터 궁형(宮刑, 거세하여 종족보존을 못하게 하는 중국의 형벌)을 당한 뒤에도 이룰 극복하고 불후의 저작을 남긴 대기만성 인이다. 사마천이 저작한 사기(史記)는 중국뿐만 아니라 동양의 위대한 역사서로 세기의 걸작품이다.

한(漢)나라의 고조인 유방은 38세까지도 시골의 머슴과 유협(遊俠)에 불과했던 자였다. 그러나 진(秦) 제국이 붕괴되리라는 역사의 흐름을 알고서 반란군의 지도자로, 후에는 황제가 되어 중화제국(中華帝國)의 시작이라는 한나라를 세운 대기만성형 황제이다. 유방 황제는 군현제도(郡縣制度)를 통해 중앙집권 정치를 실현하여 중국의 역사상 가장 강력한 국가를 세우게 된다.

100여 년 후에 전한(前漢) 때 산동 지방에 살던 공손홍(公孫弘)은 젊은 시절 산동현의 옥리(獄吏)였으나 부조리로 인하여 관직에서 물러났다. 이후 돼지를 기르면서 생계를 유지하다 40이 넘어서야 학문의 뜻을 두고 춘추잡설(春秋雜說)을 독학했다.

20여 년 동안 많은 학문을 탐구하여오다가 60세에 지방관의 추천을 받아 벼슬길에 올랐다. 넓고 깊은 학문을 준비한 공손홍은 70세에 최고의 자리인 승상의 자리까지 오른 대기만성의 표본이 된 사람이다.

대기만성형의 사람의 공통점은 이젠 인생이 거의 끝이 났다고 생각할 무렵에 새로운 인생이 시작됐다는 것이다. '이젠 늦었다'라고 생각하는 사람들과는 다르게 '또다시 시작이라는' 명제를 가지고 일어섰다는 점이다.

긍정적이고 진취적인 사고는 대기만성의 사람으로 만든다. 요즘 사람들은 조금만 좌절되는 시간과 환경이 오면 무너지는 사람이 많다. 그러나 또 인생은 60세부터라는 말이 있다. 대기만성형의 영웅들과 같이 제2의 인생을 위한 자신감을 새겨 볼 만하다.

화평(peace)

인류는 현대뿐만 아니라 역사상 반목과 전쟁이 그치질 않았다. 그 결과로 많은 사람이 고통과 어려움 속에 살다가 많은 죽음을 맞이했다. 안타까운 일이다. 화평은 인류가 소망하는 중요한 덕목이다. 화평을 이룰 때 개인에게는 평강이, 인류에게는 평화가 온다. 그러나 화평을 이루지 못하는 것은 더러운 마음과 이기심으로 가득 찬 인류의 타락한 마음이다.

화평의 전제조건은 마음이 청결할 때이다. 청결한 마음은 그리스도의 마음이다. 이것은 겸손함과 자신을 낮추는 마음이다. 자신이 죄로 얼룩진 것을 발견하는 마음이다. 자신이 죄인임을 발견하고 죄에서 떠난 하나님의 마음을 소유할 때 타인을 이해하는 마음이 생긴다.

청결이 없는 화평은 타협에 의한 진실이 없는 평화에 불과하다. 그래서 성경에서는 '오직 위로부터 난 지혜는 첫째로 성결하고, 그 다음에 화평하고 관용, 양순, 긍휼, 선한 열매가 가득하고 편별과 거짓이 없나니 화평케 한자는 화평으로 의의 열매를 거두리니'(약3:17)라고 언급하고 있다.

이러한 과정을 겪은 사람은 사심(私心)이 떠나고 공동체에서 화평과 조화를 이루는 마음(公心)이 형성된다. 화평을 이루는 자는 하나님으로부터 위대한 쓰임을 받으며 거듭난 사람으로 천국의 시민권을 소유하게 된다. 그것은 화평이 성령 하나님의 아름다운 인격의 열매이기 때문이다. 천국에 들어가기 위해서는 화평을 반드시 이루어야 한다. 천국의 목공소에서 일어난 재미있는 이야기를 소개하고자 한다. 여러 연장끼리 한 논쟁이 벌어졌다. 즉 강대상을 만드는 과정에서 일어난 논쟁이다.

'한 연장이 말을 꺼냈다. "망치야! 너는 매사에 소리를 크게 내기 때문에 사람들한테 불편만 주니까 너는 여기서 사라져!" 하자 망치가 "내가 떠나면 톱도, 떠나야지. 이것저것 사정없이 잘라 특히 살인할 때 시체를 토막 내는 자가 너야"라고 반문했다. 이 말은 들은 톱이 화를 내며 말을 했다. "내가 떠나야 한다면 당연히 대패도 떠나야 하지. 항상 남의 깊은 속도 모르고 무조건 깎아내리기만 하잖아" 그러자 대패 얼굴이 붉어지면서 "그렇게 생각한다면 우리 모두 떠나야 해! 서로가 자기 기준에서만 말하니까 모두 떠나야 해"

그때 목공소 주인인 나사렛 예수 그리스도가 들어와서 강대상을 만들기 시작했다. 그 목수는 망치 톱 대패 어느 하나도 제외하지 않고 모두 사용했다. 모두가 주인에게 합당하게 쓰임을 받는 도구로 쓰인 것이다.

중요한 교훈이 여기에 있다. 우리 모든 크리스천은 다 하나님으로부터 각각의 도구로 쓰임 받고 있다는 사실이다. 내가 쓰임 받을 때 다른 사람도 쓰임 받는다는 사실이다. 바로 겸손함의 이유가 이것이다. 나만 쓰임 받는 것이 아니라 모두 다이다. 이기심의 마음을 버리고 청결 겸손의 마음을 가질 때 화평이 일어난다. "화평한 자는 복이 있나니 하나님의 아들이라 일컬음을 받으리라"(마5:9) 우리 모두 화평을 이루자.

무자비(無慈悲)

자비는 상대방의 처지와 형편을 이해하고 헤아리는 마음(心)
이다. 반면 무자비는 자신만을 이해하고 사랑하며, 상대방을 속
임수로 골탕 먹이는 포악한 마음이다. 자비는 신(Those)의 속
성이라면 무자비는 마귀의 속성이다. 자비는 평강과 은혜와 자
매라면 무자비는 이기심으로 가득 찬 저주의 자매이다. 자비는
축복의 시작이라면 무자비는 파멸과 쇠망의 원천이다.

이솝 우화에 나타난 '개구리와 쥐'가 행한 모습을 통해 무자비
함의 비극이 우리에게 적지 않은 교훈이 있음이다.

연못에 사는 개구리와 들쥐는 서로가 사이좋게 지냈다. 쥐는
물 안에 들어갈 수 없으므로 개구리는 처음에는 쥐의 형편을 이
해하고 자신이 물 밖으로 나와 지냈다. 개구리는 땅 위에서 펄
쩍펄쩍 뛰지만 쥐는 쪼르르 어디든지 빠르게 가는 쥐를 이길 수
가 없다. 화가 난 개구리는 쥐를 골려주고 싶었다. '들쥐야 너는
굉장히 빠르구나! 나는 물속에서는 빠르지만 땅 위에서는 그다

지 바르지 않거든. 그래서 내 다리 하나와 네다리 하나를 서로 묶어놓으면 좋지 않겠니' '참 좋겠다.' 들쥐는 흔쾌히 승낙하고 서로가 발 하나씩을 묶어놓았다.

한참 서로가 놀다가 날씨가 더워서 개구리는 수영하겠다고 물속으로 들어가려고 했다. 그때 들쥐는 '안돼 연못에 들어가려면 발에 묶인 끈을 풀어야지!' 염려스러운 목소리로 말했다. 그러자 개구리는 '염려하지마 잠시 목욕을 하는 거니까' 들쥐는 걱정스러운 표정으로 개구리를 믿고 연못 속으로 풍덩 뛰어들었다. 물에 빠진 들쥐는 개구리가 가는 대로 몸을 맡길 수밖에 없었다. 한 발이 묶인 들쥐는 헤엄을 칠 수도 없어 계속 허우적거리기만 했다. 들쥐는 개구리에게 애원했다. '어푸어푸 숨이 차! 제발 나를 물 밖으로 보내줘.' 부탁했다. 하지만 개구리는 들쥐의 힘들어하는 모습이 너무도 재미가 있어 좀 더 놀려주어야지 하면서 계속 물속으로 들어가고 나옴을 반복했다.

들쥐는 개구리의 무자비한 마음으로 결국은 물을 잔뜩 먹고 허우적거리다가 익사하고 말았다. 개구리는 그때 들쥐가 죽을 줄 알고 멈추었지만 이미 때는 늦었다. 들쥐는 죽어서도 한쪽 발이 개구리와 연결되어 있으므로 개구리가 가는 곳마다 이리 저리 끌려다니고 있었다.

그때 마침 하늘을 날던 솔개가 연못에 빠진 들쥐를 발견했다. 솔개는 재빨리 날아 내려와 물 위에 있는 들쥐를 채어 올렸다. 그러자 한쪽 발이 쥐와 연결되어 있던 개구리까지 끈에 매달려서 공중으로 올라갔다. 개구리는 소스라치게 놀라면서 '아니어요 나는 아니어요! 살려줘요! 악을 쓰며 소리쳤다.' 솔개는 두 개의 먹이를 보며 더욱 흐뭇한 표정으로 높이 높이 날아갈 뿐이었다. 때는 이미 끝난 상황이었다.

다른 사람을 속임수로 골탕을 먹이면 자기도 그 함정에 빠진다. 바로 무자비한 자의 말로는 무서운 비극으로 끝난다. 나는 개구리 같은 무자비한 존재는 아니었는가. 반대로 남을 사랑하고 아껴주면 그렇게 하는 만큼 자신에게 사랑이 돌아오는 것이다. 남에게 베풀면 베푼 만큼 돌아오는 것이 인생의 법칙이다.

길(Road)

길은 사람이나 마차 등이 다닐 수 있는 땅 위에 있는 선로나 도로이다. 길은 직선의 표시이며 자유로운 통행을 제공한다. 바르게 되어있는 길은 사람에게 항상 편리함과 유익을 준다. 특히 잘 다듬어진 도로는 사람에게 경제성과 생명을 보장해준다. 반대로 길이 없고 바르게 만들어지지 않는 길은 힘들고 생명까지도 위험하게 한다. 특히 산속을 가다가 길이 아닌 곳을 다닌다는 것은 위험천만한 일이다. 산행 도중 길을 잃어버린다는 것은 곧 실종 아니면 죽음을 의미한다. 그래서 '길은 생명이다'라고 表현하기도 한다.

1920년대 당시 독립운동가이며 언론인이었던 남궁억(1863-1939) 선생은 모 대학에 졸업축사에서 '길'이라는 제목으로 축사했다. 그 내용은 다음과 같다. "저는 졸업축사를 하기 위해 강원도에서 널미재 고개를 넘어오게 됐습니다. 출발할 때부터 무릎이 묻힐 정도로 눈이 많이 왔습니다. 앞서간 사람의 발자국을 따라만 갔더니 절벽에 이르는 길로 나타나게 됐습니다. 이 길을

길로 알고 잘못 올 수 있는 사람들의 발길을 막고자 잘못 자국
난 발자국을 지우면서 다시 오게 됐습니다.

다음에 오는 사람이 참 길을 찾아오도록 하고자 발자국을 크
게 하면서 온 것입니다. 참다운 길은 자신이 희생하고 이웃을
위해 일하는 것이며 생명이 길입니다. 그리고 오만한 마음을 버
리고 항상 더불어 산다는 신념을 가지는 것입니다. 그 길은 생
명과 번영을 주는 길입니다. 참다운 길은 개척하여 이웃과 민
족과 위해 사는 것이 참 길을 가는 제군들이 되세요" 이치(理致)
에 맞는 말이다.

인생도 두 가지에 길이 있다. 하나는 생명의 길이며 죽음의 길
이다. 생명의 길은 인간에게 축복과 평안을 주는 길이다. 반면
죽음의 길은 고통과 슬픔을 가져다준다.

생명의 길과 죽음의 길은 어떤 차이인가? 전자는 공동의 선
(善)이라는 가치관을 가지고 진리 안에 사는 것이라면 후자는
개인의 선(善)을 위해 자신의 욕심과 이기주의로 살아가는 것이
다. 생명의 길은 자신을 죽이는 삶이며 이웃과 더불어 살아간다
는 가치관이다. 그 결과는 서로가 번영과 평강이 넘친다.

죽음의 길은 자아(自我)를 신(神)으로 여기는 마음이다. 모든 것을 판단할 때 자신의 주관성으로 판단한다. 인생과 역사에 주어진 객관적인 삶과 법칙을 버리고 자아 영웅주의로 사는 것이다. 천상천하 유아독존(天上天下唯我獨存)이라는 오만한 마음으로 살아가는 마음이다. 이에 대한 결과는 반드시 파멸과 조롱이다.

세계를 자신의 국가로 만들려고 했던 히틀러는 처음에는 승승장구하며 하늘 아래 자신만이 존재한다는 오만한 마음으로 그는 비참하게 파멸했다. 죽음의 길을 가는 자는 반드시 자신뿐만 아니라 추종하는 모든 자와 함께 파멸에 이르고 만다.

생명의 길은 이웃과 함께 하는 길이다. 주님도 '나는 길이요 진리요 생명이니 나를 믿고 따르는 자는 영생을 얻으리라'고 약속하셨다. 그분이 이웃을 위해 사셨기 때문이다. 생명의 길을 항상 사모하는 마음으로 실천하며 살아가는 시간을 가져보자.

각곡유목(刻鵠類鶩)

'각곡유목'(刻鵠類鶩)이라는 문장은 '새길 각(刻), 고니 곡(鵠), 비슷할 유(類), 따오기 목(鶩)으로, 고니를 그리려다 따오기를 그렸다는 고사성어이다. 즉 이 말은 본받는 것도 그 대상이 누구냐에 따라 중요하다.'는 것이다. 사람은 어떤 위인을 닮느냐에 따라 그 결과가 달라지기 때문이라는 것이다.

이 고사성어의 얽힌 이야기는 다음과 같다. 후한(後漢) 시대에 마원(馬原) 이라는 선비가 있었다. 마원은 자신의 두 아들을 불러 놓고 당부하기를, 전한(前漢) 시대에 영웅으로 살았던 용백고(龍伯高)와 두계량(杜季良)이 있는데 후자를 본받지 말고 전자인 용백고를 본받으라고 했다. 용백고는 인정이 두터우면서 매사에 근신과 성실함으로 살며, 일할 때 끝맺음을 잘 완성시키는 자였다. 반면 두계량은 호탕하고 기개가 있으며 의리를 중요하게 여기는 사람이었다. 그는 항상 의리와 책임을 강조하나 매사에 끝맺음이 그리 좋지 않아 항상 실(失)을 가져오는 경우가 허다하였다.

'마원'은 둘 다 본받을만한 인물이지만, 용백고(龍伯高)를 본받다가 실패하면 잃은 것이 적지만, 두계량(杜季良)을 본받으려다가 실패할 경우 잃은 것이 많기 때문이라고 그 이유를 말하고 있다. 전자인 용백고는 각곡유목(刻鵠類鶩). 즉 고니를 그리려다가 따오기를 비슷하게 그림으로 조심성이 있는 사람으로 될 수 있는 반면, 후자인 두계량은 화호유규(畵虎類狗)로 호랑이를 그리려다가 개 비슷한 것을 그림으로 경박한 사람으로 떨어지기 쉽다는 것을 가르치고 있다.

이는 사람이 일을 시작하고서 그 끝맺음이 좋지 않을 때 나타난 결과는 엄청나게 차이가 난다. 이것은 두계량처럼 일은 하다가 커다란 실패로 이어져 자신의 명예와 신뢰를 더욱 회복하기 어렵다는 것이다. 이러한 면에서 위인처럼 삶을 본받아 살더라도 혹시 실패할 경우 명예와 신뢰에 오점을 덜 남기는 것, 즉 각곡유목(刻鵠類鶩)이 인생에 있어서 중요하다는 교훈이다. 그렇다. 인생은 결점투성이며 죄성(罪性)으로 인하여 각박한 인격을 가지고 있어 항상 실패가 만연하다는 것이다.

인간은 다행히도 신(神)의 형상을 닮아 양심을 가지고 있기는 하지만 인생은 항상 각곡유목의 교훈을 간직해야 한다. 실패와 저주, 그리고 미움의 화신(化神)인 마귀를 닮으려고 하는 비 크리스천보다는 예수 그리스도를 항상 사모하고 그분의 인격을 그리려다가 비슷하게나마 된다면 그 인생은 성공한 것이나 다름없는 것이다. 사랑과 평안 거룩과 자비로 가득한 그리스도를 닮으려는 마음, 영적 각곡유목의 사람이 되자.

지혜로운 자

지혜는 삶의 여정을 효율적으로 관리하는 기술이며, 질을 높이는 지침이다. 지혜로 가득 찬 인생은 항상 풍요로우며 건강한 삶을 유지한다. 지혜는 인간에게 필요한 삶의 양식이며 삶과 죽음에까지 관여한다. 지혜로운 인생은 주어진 생을 잘 관리하는 것이다. 인간은 한 번의 생을 가지고 있으므로 일생(一生)이라고 한다. 인생은 두 번 있는 것이 아니라 오직 한 번뿐이므로 실험할 수 없는 소중한 것이다.

인생을 보람 있고 지혜롭게 사는 방법은 무엇인가? 많은 철학자와 위인들, 그리고 종교들이 제시한 인생의 지침서들이 많다. 모두 가치가 있고 참고할 만한 것들이다. 그러나 삶의 지혜를 찾을 수 있는 진리는 멀리 있는 것이 아니라 인생의 주위에 항상 가까이 있다. 예를 들면 '사람은 죽는다.' 또는 '열심히 노력하는 자는 성공한다.' 평범한 진리를 습득하는 것이 지혜이며 그 지혜를 활용하는 것이 지혜로운 인생이다. 참다운 인생을 산다는 것은 쉬운 것도 아니지만 어려운 것도 아니다.

지혜로운 인생을 산다는 것은 모든 시절이 중요하나 청소년 시절을 바르게 정립하는 것이 중요하다. 그 이유는 인격의 정립이 그 시절에 결정된다고 해도 틀린 말이 아니기 때문이다. 미국의 보스턴 교육협회는 10대와 20대 청소년을 위한 인생지침 10대 강령을 발표하고 암송하도록 했다고 한다. 이는 다음과 같다.

첫째, 부모를 실망시키지 말라. 그 이유는 부모는 여러분들을 낳았고 양육하신 훌륭한 분이기 때문이다. 가능한 부모에게 순종하는 것이 지혜이다. 둘째, 술을 마시기 전에는 다시 한번 미래를 생각하라. 미래는 당신에게 소중한 인생의 좋은 기회들이 들어있기 때문이다. 셋째, 윗사람의 합리적인 명령에 순종하라. 여러분도 반드시 언젠가는 윗사람으로서 명령을 내리게 된다. 넷째, 과시하는 마음을 절제하라. 우쭐대는 것은 유치하며 미련한 행동이나 과시하는 마음을 절제함이 지혜이다. 다섯째, 더러운 생각을 마음속에서 지워버려라. 건전한 생각만이 인생을 건강하게 해주며 바르게 한다. 여섯째 좋은 친구를 만나라. 좋은 친구는 희망을 주지만 나쁜 친구는 좌절과 분노와 부정적인 생각만을 만들게 할 뿐이다.

일곱째, 당신에게 어울리고 수준에 맞는 상대와 연애하라. 이것은 배우자로 인하여 당신 미래의 성공에 많은 역할을 하기 때문이다. 여덟째, 가능하면 여러 사람과 교제하라. 특히 명망이 있는 사람과 사귀게 될 때 자신이 많은 것을 배우게 된다. 아홉째, 하나님과 이웃을 사랑하라. 이것은 당신의 인생에 있어서 가장 중요한 목표이며 나아가 인생의 결실을 맛볼 수 있는 중요한 것이다. 열째, 한 개인의 영혼에 깊은 관심을 가지라. 영혼구원은 위대한 사랑의 행위이며 아름다운 일이다. 한 영혼에게 전적으로 당신의 관심을 집중하라.

건강하고 건전한 묘목이 커다란 거목으로 바르게 자랄 수 있다. 반면 병든 묘목은 자신뿐만 아니라 다른 묘목에도 해를 준다. 묘목이라는 인생 즉 청소년기의 건강한 습관은 건강한 일생을 보장한다. 지혜로운 인생은 건강한 묘목을 심는 것처럼 건강한 정신을 자아에게 설득시키는 의지 행위이다. 지혜로 열어가는 인생이 되자.

직관과 관점(觀點)

직관(直觀, Intuitive)은 사유(思惟)나 작용을 덧붙이지 않고 직접적으로 사물의 견해를 인지하는 일이다. 직관은 사고나 언어의 도움을 받지 않고 사물의 본질이나 알고자 하는 대상을 직접 파악하는 일이다. 이러한 사고를 직관적 사고라고 한다. 그러나 직관은 초기 인상의 의해 인식되는 습성이 있으므로 사물과 대상의 본질을 놓치는 경우가 종종 있게 마련이다. 직관의 맹점이 여기에 있는 것이다.

관점은 사물과 대상을 바라볼 때 보는 사람의 입장을 표현하는 것을 말한다. 관점은 직관이 이루어진 다음에 나타나는 해석이다. 그러므로 관점(a point of view)은 주관적이며 보는 사람에 따라 다양한 견해가 나타난다. 예를 들면 한 꽃을 바라보고 그것은 꽃이라고 하는 것은 직관이다. 그러나 꽃의 아름다움에 대한 견해는 다양하게 표현한다. 이것이 관점이다. 사물과 대상을 보는 방향이나 견지가 다르므로 관점은 항상 주관성(主觀性)을 동반한다. 직관을 인식(認識)이라 하면 관점은 해석이라고 할 수 있다. 올바른 직관은 바른 관점을 가져다주며 인생에 있어 성공의 가늠자가 되기도 한다.

'더 나은 내일을 위하여'라는 카페에 올라온 재미난 일화로 이해를 돕고자 한다. 어느 회사에서 신입사원 면접시험이 있었다. 시험관은 하얀 종이를 모든 응시자에게 내보이며 무엇이 보이냐 물었다. 일부 응시자들은 종이를 잠시 쳐다보고는 점이 보인다고 대답했다. 그런데 눈망울이 빛나는 한 젊은이는 그 종이를 보고서는 백지가 보인다고 대답했다. 시험관은 다른 사람들은 점이 보인다고 했는데 그 젊은이는 왜 백지가 보이는지를 물어보았다. "젊은이는 백지에 찍힌 점을 보지 못했습니까?" 젊은이는 대답했다. "예 저도 분명히 점이 있다는 것을 보았습니다. 그러나 활용할 수 없는 작은 점을 보기보다는 활용할 수 있는 넓은 면의 백지를 보고 싶었습니다." 젊은이는 당당히 회사에 채용되었고 회사의 발전을 위한 큰 공헌을 했다. 나아가 20년 후 회사의 임원으로 승진되고 CEO(최고 경영자)까지 맡게 되었다.

인생은 항상 두 가지의 길이 있다. 즉 성공적인 삶을 살아가느냐 아니면 실패하는 삶을 살아가느냐이다. 이 경계점은 바로 우리 자신이 어떤 직관과 관점을 갖느냐에 따라서 결정된다. 성공은 첫째로 활용할 수 없는 작은 점을 보기보다는 활용할 수 있는 큰 공간을 보는 눈인 것이다. 즉 올바른 직관으로 긍정적인 관점을 갖는 것이다. 바르고 긍정적인 생각은 올바른 직관과 관점을 가져오는 요소이다. 더불어 긍정적이고 적극적인 면을 가지는 사람이 직관적 사고가 바르게 되는 것이다. 그리고 성공의 확률이 높아진다. 편협된 마음과 부정적인 직관은 사람을 협잡하게 만드는 요소를 제공할 뿐이다. 긍정의 직관과 적극적인 관점을 가지는 사고는 인생의 풍요로움을 예약한다.

성공을 향한 또 다른 직관적 관점은 신(神)을 향한 직관이다. 이 세상의 유일한 신이신 여호와 하나님은 곧 사랑 그 자체이시다. 그러므로 신을 향한 직관을 가지려면 사랑의 관점을 가져야 하는 것이다. 사랑의 관점은 나를 긍정하게 하고 모든 사물과 대상을 인정하게 만든다. 사랑은 인생을 성공의 길로 이끄는 첩경이다. 세상에 속한 부정적인 모든 직관과 관점을 사랑으로 바꾸자. 그렇게 할 때 내가 실존하며 모든 것이 더불어 공존하는 아름다움으로 바뀐다.

빛

빛(a debt)이란 남에게 갚아야 할 돈이나 채무의 상태를 말한다. 또는 남에게 어떤 은혜를 입거나 신세를 짐으로써 훗날에 갚아야 할 도덕적인 의무를 말한다. 예를 들면 수영장에서 허우적거리며 금방 익사 직전에 있던 사람을 구해줌으로 생명을 구한 경우이다. 이 사람은 물에서 구원해준 자를 평생에 생명의 은인으로 여기며 감사의 마음으로 사는 것이다. 빚은 채무를 갚아야 한다는 부정적인 측면도 있지만 사랑과 생명의 은인이라는 감동적인 양면성을 가지는 특성도 가진다.

기독교 성도들은 예수 그리스도의 십자가 구원이라는 은혜를 입은 자들이다. 성도들은 늘 주님에게 사랑의 빚을 진 자들이다. 자신이 받아야 할 형벌과 사망을 대신 짊어주신 예수 그리스도의 십자가의 공로를 기억하며 감사한다. 예수의 은혜를 갚고자 자신을 고행하거나 독신으로 사는 사람들도 많다.

예수의 사랑의 빚을 갚고자 40년 동안 수도원 생활 속에 자신을 죽이려는 고된 노동과 명상을 하는 여인이 있었다. 그녀는 수도원 생활을 하면서도 여전히 자기중심적이고 신앙의 감격이 없었다. 그런데 수도 생활을 하면 할수록 오히려 마음이 더 답답하고 욕심이 더욱 일어났다. 그녀는 수도 생활을 더욱 힘들게 하며 자신의 욕심을 죽이려는 노력을 계속 시도했다. 그러나 그녀의 마음속에 나타난 공허함과 이기적인 생각은 더욱 줄어들지 않고 여전했다.

사순절이 시작된 어느 날에 그녀는 복도를 걸어가다가 우연히 한 그림을 바라보게 되었다. 그것은 바로 주님께서 헤롯의 뜰에서 로마 군병에게 채찍을 맞으시는 모습이었다. 수백 번도 더 보았던 그림이었으나 오늘은 전혀 새롭게 다른 모습과 경이로운 마음으로 다가왔다. 마치 주님이 맞고 있는 그 채찍이 자신을 때리는 것처럼 보였다. 강한 채찍의 손이 자신의 마음을 짓이기는 것이었다. 그녀는 성령의 조명하심을 받고 사랑(예수)의 빛을 깨닫게 되었다. 주님이 그분 자신을 위해 채찍을 맞으신 것이 아니라 나를 위해 맞는 것을 느낀 것이다. 즉 내가 맞아야 할 채찍을 대신 받았던 주님을 여기서 만나게 된 것이다.

그녀는 자신도 모르게 그 그림 앞에서 무릎을 꿇었다. 오랜 시간이 지난 후에 그녀는 다시 일어났다. 더 이상 나를 위한 수도 생활은 의미가 없었다. 주님과 가난하고 죄 속에 있는 이웃을 위해 현장으로 나가야만 한다는 사랑의 빛을 발견한 것이다. 이웃과 소외된 사람을 위한 사랑의 바다가 그 여인의 마음속에 깊게 열리고 있었다. 그녀는 그날로부터 수도 생활을 접고 골목 거리로, 고아원으로, 양로원으로 자신의 몸을 내던졌다. 이 여인이 바로 수년 전에 소천한 성(聖) 테레사 수녀이다.

사랑은 예수의 인격이며 자비의 힘이다. 수도 생활을 한다고 사랑을 얻는 것이 아니다. 사랑은 주님의 인격을 받아들일 때 나타나는 능력이다. 그리고 죄인임을 고백하고 참회하며 그분을 영접할 때 그분의 사랑이 내 마음속에 전이(轉移)된다. 그렇게 한 자는 예수님의 십자가가 눈에 들어온다. 그리고 이웃이 자신의 눈에 들어온다. 이것이 진정한 사랑이며 사랑의 빚진 자의 자세이다. 주님이 죄인들을 위한 십자가를 지시고자 준비하시며 사역을 하셨던 계절이다. 자신만을 돌아보는 이기적인 모습에서 주님과 이웃을 위한 시간들로 채워졌으면 한다.

제3부

열매

열매

　열매는 식물이나 과목에 있는 꽃이 수정(受精)하여 그 씨방이 자라서 만들어진 과일(fruit)을 말한다. 또는 인간이 힘들게 노력하여 얻어진 결과를 비유하여 일컫는 것을 말하기도 한다. 자연이나 인생에 있어 힘든 과정을 거친 후 풍성한 수확으로 나타나는 열매는 무한한 기쁨을 가져다준다. 그러나 열매는 쉽게 열리는 것이 아니다. 빨간 사과가 열리는 것은 헤아릴 수 없는 많은 조건과 노력 그리고 힘든 과정을 요구한다.

　열매 맺는 나무가 되기 위해서는 먼저 땅속에 뿌리를 두어야 한다. 나무는 땅에 뿌리를 내리는 원리를 가질 때 생명을 얻는다. 땅속에 뿌리를 내리지 못한 나무는 풍성하고 아름다운 열매를 기대할 수 없다. 나무의 생존 원리가 정립되어있을 때 풍성한 열매를 기대할 수 있는 것이다. 이는 사람이 삶의 풍성한 열매를 얻고자 한다면 하나님과 뿌리와 같은 깊은 관계를 가져야만 가능한 것과 같은 원리이다.

열매의 또 다른 조건은 농부의 땀 흘림과 성실한 보살핌이다. 뿌리가 깊게 박힌 나무는 풍성한 가지와 잎으로 가득 찬다. 가지마다 꽃이 피고 지면서 열매가 맺히면, 이때부터 농부가 바빠진다. 농부는 애벌레와 각종 새들로부터 열매를 보호하기 위한 작업을 여름 내내 구슬땀을 흘리며 계속한다. 이처럼 인생의 풍성한 열매를 얻고자 한다면 농부의 심정처럼 피나는 노력과 성실이 필요하다. 농부의 자세로 살아가는 인생은 아름답다.

그러나 아무리 노력해도 사람의 힘으로 할 수 없는 것이 있다. 이는 하나님과 자연의 은총이다. 즉 바람과 태양의 적절한 공급이다. 자연의 적당한 공급은 열매의 당도를 높게 하며 맛을 영글게 하는 조건이다. 열매가 열렸으나 당도가 떨어지고 맛이 없다면 열리지 않는 것만 못한 것이다.

과수원에 열린 사과가 싱거워 맛이 없음은 과일이 한창 자랄 때 비가 많이 왔기 때문이다. 과일의 당도를 결정하는 요소는 많은 햇볕과 적당한 바람이다. 이처럼 신의 일반은총은 풍성한 과일을 완성하는 결정체이다. 이 햇볕은 농부(사람)의 수고와 노력과는 무관한 것이다. 즉, 신의 은총이 없이는 좋은 열매를 맺는 것이 불가능한 것이다.

신(神)의 은총과 도우심이 필요한 것이 과일에만 적용되리요! 우리 인생의 모든 삶의 열매도 하나님의 철저한 도움이 있을 때 임을 기억하는 것은 지혜로운 인생이다. "무화과나무를 지키는 자는 그 과실을 먹고 주인을 시중드는 자는 영화를 얻으리라(잠 27;17)"라고 성경은 말씀한다. 인생과 삶의 풍성한 열매를 맺고자 한다면 인생을 만져주시며 인도하시는 그분의 섭리와 은총을 바라보며 나아가자.

공짜

　공짜는 재물, 금전이나 힘든 노력 없이 거저 얻는 것(things got for nothing)을 말한다. 즉 대가를 치르지 않고 얻는 반사 이익도 여기에 속한다. 공짜는 대부분 사람이 좋아한다. 하지만 싫어하는 면도 다분히 있다. 똑같은 옷도 5만 원이라고 하면 그럴듯해 보이지만 공짜라고 하면 '어딘가 하자가 있는 거 아냐?' 하며 의아함을 갖기도 한다. 옛날이나 지금도 공짜로 얻는 것을 꺼려하며 그다지 신뢰하지 않는 심리는 늘 있는 것이다.

　구한 말 미국의 선교사들이 조선에 들어와 활동하던 1890년대 일이다. 중부 지방에 전염병이 돌아서 적지 않은 사람들이 죽어 나갔다. 당시 한 농부가 선교사를 찾아와 식구들이 전염병에 걸렸으니 좋은 약이 있으면 우리에게 팔라고 했다.

　그 당시 미국에서는 '페니실린'이란 항생제가 발명되어 치료에 좋은 효과를 보고 있었다. 선교사는 부탁한 농부에게 '페니실린'을 주면서 "이 약은 새롭게 발명된 항생제이므로 이 약을 쓰시면 곧 병이 치유될 것입니다."라고 말하면서 주었다. 그때 농부는 아주 비싼 약이라고 생각하고 그 값을 물었다. 그러자 선교사는 "아닙니다. 그 약은 비싸지만 무료로 드리니 가져가서 치료에 사용하세요" 말하며 주었다.

농부는 의아해하며 주는 약을 받아들고 돌아왔다. 집으로 돌아온 농부는 약병을 들고서 의심하기 시작했다. "진짜 좋은 약이면 아주 공짜로 주지 않겠지. 효과가 없으니 그냥 주는 거야."라고 생각했다. 그리고 농부는 귀한 약을 발로 뭉개 버리고 말았다. 온 가족이 무서운 전염병에서 치료받고 나을 수 좋은 기회를 스스로 포기한 것이다.

안타까운 일이다. '공짜는 가짜다'라는 심리가 가져온 엄청난 결과였다. 물론 공짜라는 것이 그리 기분 내키는 일은 아니다. 공짜는 자존심도 상하게 하고, 우선 의심부터 하게 되기도 한다. 그러나 공짜로 얻은 사물과 대상 속에 가끔은 보배가 담길 때가 있다. 이것을 얻는 자는 복된 인생이다. 인생에 있어서 가장 귀한 공짜는 무엇일까? 죽은 후에 천국에 가는 것이 아닌가 싶다.

모든 인생은 한번은 반드시 죽음이라는 의례를 맞이하는 실존들이다. 마지막 죽음에서 천국을 간다는 것은 인생에 있어 가장 큰 축복이다. 인생이 천국을 가기 위해 10억이라는 돈이 소요된다면 다들 죽기 전에 10억을 모으려고 엄청난 노력을 할 것이다. 그러나 사람들은 돈도 필요 없고, 자격도 필요 없고 그저 예수 그리스도를 믿기만 하면 천국에 간다고 할 때 비웃는다. 구한말의 어리석은 농부처럼 그 축복의 순간을 발로 문질러 버리고 만다.

예수를 믿고 천국 간다는 것은 결코 공짜가 아니다. 다만 인생들 자신 스스로가 값을 치르지 않았다는 것뿐이지 실은 엄청난 값이 지불된 것이다. 우리 주 예수 그리스도가 십자가에서 죽음으로 비싼 값을 이미 지불한 것이다. 생명이라는 값진 피를 흘림으로 죄와 사망에서 영생으로 옮기게 한 것이다. "주 예수를 믿으라 그리하면 너와 네 집이 구원을 얻으리라"(행전 16:31)고 성경은 약속했다.

이 사실을 믿기만 하면 공짜로 영원한 생명을 얻으며 구원에 이른다. 전혀 후회할 것이 없는 영원한 공짜가 바로 예수를 내 마음에 영접하는 것이다.

발렌타인 데이

문화는 변화하는 특성이 있다. 즉 전통적인 문화와 새로운 외래문화의 접촉을 통해 점진적으로 변하게 된다. 전통적인 문화의 가치가 클 때는 외래문화가 잠식하지만 반대일 경우는 변화의 속도가 커진다. 한국의 사회도 근대화된 이후에 서구적 문화로 많은 변화를 거듭했다. 특히 1990년대 이후로 청소년을 중심으로 국적 없는 문화행사들이 늘어나고 있다.

요즘 청소년 사이에 급격히 행해지고 있는 문화는 남녀가 선물을 주고 받는 날(Day)에 관한 것이다. 그러한 문화가 비록 외래문화라고 하더라도 가치가 있다면 유행과 더불어 권장되어야 한다. 이유는 문화가 인간을 기쁘게 하는 것이기 때문이다. 그러나 외래문화의 행위가 정착되기 전에 참된 의미를 알고 행하는 것이 바람직하다.

2월에 진행되는 발렌타인 데이를 잘 알지 못하고 행하는 청소년들이 있어 안타깝다. 발렌타인 데이는 청소년들이 자신이 좋아하는 사람에게(특히 여자가 남자에게 선물하는) 초코렛을 선물하는 날로 정착되어 가고 있다. 발렌타인 데이가 어떻게 생겨났는가? 또는 그 날의 참다운 의미를 알지 못하고서 다른 사람이 하니까 의미도 모르고 하는 자가 많다. 그날의 유래를 역사적으로 살펴보고 참된 의미를 아는 것이 중요하다.

옛날 서로마 제국에 발렌타인(Valentine)이라는 한 노인이 살고 있었다. 그는 자신의 삶을 하나님께 바치고자 수도원에 들어갔다. 그런데 그 사람은 매우 우울한 삶을 살아가고 있었다. 동료 수도사들이 "왜 형제는 항상 우울한 표정으로 살아가는가?"라고 물었다. 그러자 발렌타인은 "다른 사람들은 하나님을 기쁘게 하는 특출한 재주를 가지고 있는데 내게는 그런 특기가 없다는 것이 슬프다"라고 말했다.

항상 우울한 삶을 살아가던 중에 발렌타인은 문득 한가지 지혜가 떠올랐다. "날마다 사람들에게 사랑의 말을 전하자. 그러면 하나님이 매우 기뻐하실거야" 하면서 그는 그 이후로 매일 사랑의 편지를 쓰기 시작했다. 그리고 그 편지를 직접 사람들에게 전달했다. 그의 편지를 읽고 많은 사람들이 감동과 위로를 받았다. 이러한 삶을 발렌타인은 5년 동안 계속했다. 이 일 후에 발렌타인은 "사랑의 전령사"로 큰 명성을 얻었다. 그리고 순교한 후에는 중세 가톨릭교회에서 "성자"의 칭호를 얻었다.

후에 사람들은 그가 순교한 날을 그의 숭고한 뜻을 기리기 위해서 서로 사랑과 용기를 주는 격려의 편지를 주기 시작했다. 그날(2/14)이 바로 발렌타인 데이인 것이다. 그런데 그러한 숭고한 뜻을 가진 전통은 사라지고 오히려 그날에는 자신이 좋아하는 사람에게 초코렛을 주는 날로 변하여 버렸다. 이는 이익을 추구하는 상인들의 상술과 함께 의미 있는 날이 퇴색되어버린 것이다.

발렌타인의 행했던 숭고한 뜻을 생각하고 현대의 물질적 사고(思考)를 바꾸어 가치 있는 문화를 만들어보자. 우리 주위에는 좌절과 시련 속에 어려움을 겪으며 살아가는 사람이 적지 않게 있다. 조그만 위로와 격려를 받으면 새롭게 시작할 사람들이다. 정성이 담긴 격려와 사랑의 편지를 준비하여 더불어 사는 발렌타인 데이를 맞이하는 지혜로운 자들이 되어보자.

상생(相生)

상생은 음양오행설에서 쇠(金), 물(水), 불(火), 나무(木), 흙(土)이 서로가 상호관계를 조장하거나 살게(生) 하는 것을 말한다. 즉 쇠는 물(水)을, 물은 나무(木)를, 나무는 불(火)을, 불은 흙(土)을, 흙은 다시 쇠(金)를 살도록(生) 하여 주는 자연의 이치 즉 상생지리(相生之理)라고 한다. 상생은 두 사물이나 현상이 서로가 연합하여 상존하는 것이다.

반면 상극(相剋)은 자연의 오행이 서로가 살게 하는 것이 아니라 억제하거나 반대되는 이치를 말한다. 그러므로 상극은 두 사람이나 사물 사이에 서로가 대립하여 각을 세움으로 한쪽이 다른 쪽을 해롭게 하여 함께 있을 수 없는 것을 말한다.

세상은 항상 완패와 완승이 공존한다. 특히 산업사회가 발달하고 더불어 정보사회가 시작된 21세기에 현대인들은 보이지 않는 혈투를 계속하는 시대에 살고 있다. 상대방을 이겨야만 자신이 산다는 긴장감이 자리하는 시대이다. 이러한 사회는 참으로 불행한 일이다. 상생보다는 상극을 조장하며 살아가는 시대이다. 상생은 생명을 조장하는 순리이나 상극은 순리를 파괴하는 칼이다. 사물이나 현상 속에 상극이 존재할 때 긴장이 조성되고 어려운 일이 나타나게 된다.

상생은 아름다운 질서를 창조하며 생동과 생명을 준다. 이러한 모습은 바다거북이 새끼들의 행동에서 보인다. 어미 바다거북은 산란기가 되면 모래사장으로 올라와서 보통 500개의 알을 낳아 종족을 보존하려고 한다. 거북은 깊은 모래웅덩이에 산란장을 만들고 거기에 알을 낳아 모래로 덮어 놓는다. 수 주가 지난 후에 모래 속에 있던 알에서 부화한 새끼들은 무거운 모래들을 뚫고 세상으로 나와야 한다. 바로 여기서 새끼 거북이들은 상호 협력과 철저한 역할 분담으로 무거운 모래를 뚫고 세상으로 나온다. 맨 위에 있는 새끼들은 부지런히 머리 위에 있는 모래를 걷어낸다. 그리고 옆에 있던 새끼들은 끊임없이 벽을 허문다. 그러면 맨 아래에 있는 새끼들은 무너진 모래들을 밟아 바닥을 다지면서 세상으로 나간다.

여기에 중요한 상생의 원리가 있다. 거북 알 한 개를 모래에 묻어놓으면 그 한 개의 생존율은 25%라고 한다. 그러나 10개 이상 많은 거북 알을 묻어놓으면 생존율이 거의 100%에 이른다고 한다. 바로 위에서 말한 대로 서로가 협력하여 서로 살 수 있는 상생의 법칙을 통해 세상으로 나오는 것이다. 놀라운 상생의 현장이다.

인간사회에 있어서 상생의 요소는 그리스도의 사랑이다. 이 사랑은 상호존중과 상호이해에서 시작된다. 이해와 존중이 있는 곳은 항상 번영과 축복이다. 그러나 이 단어가 빠질 때 비극이 시작되는 상극을 가져온다.

하나님은 인간을 만들 때 서로가 이해하고 의지하라고 하여 사람 인(人)을 사용하셨다. 사람과의 상생을 항상 생각한 자는 어진 인자(仁子)로 바꾸어 진다. 가정, 학교, 직장, 군대, 교회 모든 분야에서 상생의 요소인 사랑을 가지자. 내가 있음으로 인해 네가 존재하는 것이 아니라 네가 있음으로 인해 내가 존재한다는 상생 원리를 품어 지혜로운 인생이 되자.

수전노

수전노(a miser)는 돈을 지나치게 아껴 모을 줄만 말고 쓸 줄을 모르는 사람을 일컬어 부르는 말이다. 일명 구두쇠라고도 하는 이 단어는 돈을 악착같이 거둬들이는 수전(收錢)에서 유래한 말이다. 그리고 거둬들인 돈의 노예가 되어 돈을 풀 줄 모르는 사람을 빗대어 수전노(守錢奴)라고 한다. 한마디로 돈을 상전으로 모시는 사람, 돈으로 자비를 베풀 줄 모르는 인색한 사람을 총칭하여 말한다.

인간은 본능적으로 돈을 모으면 내놓을 줄 모르는 어리석은 심성을 가지고 있다. 이런 심리를 이용하여 프랑스 희극 작가였던 몰리에르(Molière)는 "수전노"를 1668년에 발표하여 세간에 이목을 끌었던 적이 있다. 내용은 돈의 노예가 된 아버지가 자기 아들딸들을 희생시켜 돈을 모았지만 궁극에는 돈과 자식을 다 잃어버린다는 어리석은 인간상을 고발하고 있다. 돈보다는 인간이 더 존엄하며, 돈을 지키려는 수전노보다는 자비심이 더욱 가치가 있다는 것이다. 맞는 말이다.

그런데 이렇듯 일반적으로 알려진 수전노의 규정된 상식을 깨고 다른 면모로 잔잔한 감동을 주는 경우도 있다. 20세기 초 프랑스 마르세이유 도시에 "구두쇠"로 불리며 놀림을 받는 사람이 있었다. 그는 재산을 물려줄 자녀가 한 명도 없으면서도 밤낮으로 재산을 악착같이 모았다. 그래서 동네 사람들은 그를 가르쳐 "돈만 아는 수전노"라는 말로 놀려댔다. 그의 재산이 얼마나 되는지는 아는 사람은 아무도 없었다. 그는 평상시에 수전노, 구두쇠처럼 살아왔기 때문에 그가 아플 때 한 사람도 찾아오는 이가 없었다. 그는 병들어 고통을 당하다 혼자서 외롭게 죽어갔다. 그의 장례를 치러줄 사람은 아무도 없었다. 하는 수 없이 마르세이유 시청직원들이 장례를 치러주었다.

시청 공무원들이 장례를 치르다 유서를 발견했다. 그 유서에는 엄청난 돈과 함께 유언장이 있었는데 그 내용은 다음과 같은 글이 적혀있었다. "먼저 돈을 많이 모을 수 있게 하신 하나님께 감사드린다. 나는 마르세이유 시민들이 깨끗하지 못한 식수로 질병에 걸려 죽는 것을 수없이 보았다. 내 삶을 희생해서라도 시민들에게 맑은 물을 공급해주도록 결심했다. 내가 주위의 사람들에게 수전노라는 욕을 먹어가면서도 돈을 모으는 이유가 여기에 있다. 이제 그러한 꿈이 이루어졌으니 나의 모은 전 재산을 시청에 하나님의 이름으로 기부한다. 이 기부금으로 시민들에게 맑은 물을 공급해주기 바란다. 그리고 나의 이름을 절대로 밝히지 말라"라는 내용이었다.

아름다운 사랑의 외침이다. 그가 살아있을 때 그를 욕하던 파리 시민들은 자신들의 잘못된 언행을 후회하며 슬퍼했다. 그리고 거리로 나와 애도의 물결을 이루며 그를 추모했다. 시민들은 진정으로 존경하는 마음으로 그가 묻힌 무덤가로 와서 그가 베푼 참다운 사랑에 최고의 경의를 표하였다.

죽은 수전노의 행위는 위대한 사랑 그 자체였다. '사랑'은 나를 포기하며 희생하는 작업이다. 그리고 너와 우리를 만들어 가는 생명의 활력소이다. 더불어 모든 사람에게 기쁨과 유익을 주는 고결한 행위이다. 사랑은 사람에게만 있는 신의 선물이다.

하나님을 만나고 그 형상을 닮아갈 때 사랑이 공급된다. 우리를 죄악 가운데서 건지신 예수의 사랑을 느끼는 자만이 완전한 사랑을 행할 수 있다. 사랑은 아주 작은 것에서 시작된다. 작은 것부터 나눌 수 있는 사람이 되어 수전노가 아닌 사랑의 전달자가 되자.

용서

　용서(容恕)는 이미 지은 죄나 잘못에 대하여 관대하게 처리하는 행위이다. 더불어 마음속에 박힌 응어리나 미움을 사랑으로 바꾸는 성숙한 인격이다. 미움을 용서로 바꿀 때 얼굴에 화색이 돈다. 용서하는 마음은 모든 신체를 평온하게 한다. 마음은 신체의 중심이며 신체를 좌우하는 기관이기 때문이다. 그러므로 용서는 인간에게 필요한 것이며 자비한 덕목이다. 이는 인간이 하나님의 형상으로 창조되었기 때문이다. 그러나 용서를 허용하지 못하면 마음의 분노가 얼굴에 투영된다. 분노의 마음은 분노의 얼굴을 만든다.

　세기의 걸작인 "최후의 만찬"은 생동감이 넘치는 위대한 작품이다. 이유는 그림에 등장하는 인물들의 표정과 캐릭터가 그날의 생생함을 보여주고 있기 때문이다. 죽음을 앞둔 예수님의 표정, 예수님을 판 가룟 유다의 표정, 그리고 제자들의 표정들은 각기 다른 모습을 보여주고 있어 더욱 감격스러운 작품이다.

그림의 작가인 레오나르도 다빈치는 친구와 심한 다툼을 하였다고 한다. 그리고 분노와 일그러진 마음으로 친구를 계속 증오했다고 한다. 친구는 친구 나름대로 다빈치를 미워하며 만날 때마다 분노와 복수의 얼굴로 대했다. 이러한 과정 중에 다빈치는 분노한 친구의 얼굴을 상상하며 또한 자신은 그 친구를 미워하는 마음을 가중시킴으로 그림의 모델인 유다의 표정을 찾아냈다고 한다. 다빈치는 분노와 질투하는 마음으로 인물 중에 주님을 배반한 가룟인 유다의 얼굴을 제일 먼저 완성할 수 있었던 것은 바로 미워하는 마음때문이었다. 최후의 만찬에서 가룟 유다의 배경은 자신과 싸웠던 친구의 얼굴을 모델로 하여 그대로 옮긴 것이다. 수긍되는 말이다.

이번에는 예수님의 얼굴을 그려야 하는 순서였다. 주님의 인자하고 자비한 모습을 그려야 하는데 전혀 구상이 떠오르지 않았다. 그는 며칠 동안 머리를 싸매고 구상에 몰두했으나 예수님의 얼굴이 전혀 떠오르지 않았고 자꾸만 싸웠던 친구의 얼굴만이 떠오르는 것이었다. 그는 예수님의 얼굴을 그리기 위해 기도할 때마다 친구에 대한 자신의 증오심만 떠올랐다. 이때 문득 그는 증오한 마음이 자신의 마음을 가로막고 있다는 사실을 깨달았다. 그는 즉시 가룟 유다 얼굴로 그린 친구의 얼굴을 지우고 친구에게 달려가 자신이 행했던 행동에 대해 용서를 구했다.

그 후 그는 산란하고 증오하는 마음을 바로잡았고, 비로소 예수님의 인자하시고 자비한 얼굴을 그릴 수 있었다.

남에 대한 미움과 증오심의 최대 피해자는 미움을 받는 사람이 아니라 바로 그 자신이다. 남을 미워하고 증오한 자는 그 순간부터 자신의 마음이 병든다는 것을 기억해야 한다. 인간이 용서하지 못할 인간을 용서하는 것 그 자체가 바로 자비이며 사랑이다. 이는 주님이 죄인인 우리를 용서하신 그 자체가 바로 자비이고 사랑인 것과 같은 것이다. 남을 증오하는 것보다는 사랑하고 용서하는 자가 가장 행복하다.

덕망이 있는 인간이 되기 위해 가장 빠르고 확실한 방법은 아량과 용서를 베푸는 마음이다. 꽃에 향기가 있듯이 사람에게도 품격이란 것이 있다. 꽃이 싱싱해야만 향기가 더욱 진동하듯 사람에게 용서와 자비라는 덕목이 있을 때 품격의 향기가 진동하는 것이다. 불순물로 가득하게 썩은 백합은 잡초보다 더욱 냄새가 나는 법이다. 싱싱한 꽃이 아름답듯이 증오와 미움이 사라진 순수한 용서의 마음은 향(香)이 오래오래 가게 된다.

인생무상(人生無常)

  인생은 생명을 가진 사람의 존재를 말하며 이 세상에서 살아 있는 동안의 삶을 말한다. 인생은 개체라는 실존으로 태어나 자신 일을 감당하다 때가 되면 죽음에 이르는 전 과정이다. 죽음에 이르는 인생이 너무 짧아 철학자들은 인생무상이라고 한다. 당나라 시인이었던 두보(杜甫)도 "인생칠십고래희"(人生七十古來稀)라고 하여 인생이 일흔까지 살기가 어렵다는 회한의 곡강시(曲江詩)를 말하기도 하였다. 성경도 인생을 칠십이요 강건하면 팔십이라도 돌아보면 수고와 슬픔뿐이라고 표현한다. 이는 인생의 짧음과 더불어 인생행로의 고뇌와 슬픔이 담긴 인생무상이다. 맞는 말이다.

  인생은 이 땅에서 영원히 머물지 못하는 슬픈 존재이며 나그네이다. 나그네의 특징은 괴로움이 많은 존재라는 것이다. 의식주를 해결해야 하는 괴로움이다. 특히 나그네는 가진 것이 없는 실존이다. 공수래공수거(空手來空手去)이다. 즉 빈손으로 왔다가 빈손으로 돌아가는 인생이다. 많은 부와 재능 그리고 지식을 가지고 저세상으로 가지 못한다. 또한 나그네는 잠시 보이다가 사라지는 실존이다. 이는 우리 생명이 잠시 있다가 사라지는 존재라는 것이다. 성경은 인생을 잠시 있다가 사라지는 안개와 같다고 표현한다. 이처럼 나그네는 오늘 있다가 내일이 불투명한 실존이라는 것이다.

한 나그네가 홀로 사막의 여행을 한다. 점점 찌는 듯한 더위에 걱정과 피로에 쌓이게 되었다. 한참 걸어가는데도 길의 끝이 나지 않고 계속 모래밭만 걸어가게 된다. 날이 어두워지기 전에 마을에 도착하지 못하면 영락없이 자신을 사막에서 생을 마감해야 하는 형편이었다. 나그네는 불안과 공포에 떨면서 사막에서 걸음을 재촉하였다. 그때 나그네는 사막에서 사람의 발자국을 발견하고 이젠 살았구나 하면서 안도의 한숨을 쉬었다. 그리고 이 발자국을 따라가면 분명히 마을이 나타나겠다는 일념으로 이 발자국을 나침반 삼아 부지런히 계속 걸어갔다.

그러나 아무리 걸어도 마을과 오아시스는 나타나지 않았다. 걸어가면 갈수록 자신의 몸은 더욱 무거워지며 힘들고 주위의 환경이 전혀 바뀌지 않는 느낌이 들었다. 어둑한 밤이 되자 섬뜩한 생각이 들어 자신의 발자국을 자세히 들여다보니 그는 이때까지 자신의 발자국을 걸으면서 약 5리 정도의 간격으로 주위를 맴돌고 있었다. 한참 후에 그 나그네는 대상(隊商)에 발견되어 자신의 생명이 구해지게 되었다고 한다.

인생은 이 나그네와 같이 반복된 삶과 고난 속에 살아가는 슬픈 존재이다. 인생의 낮과 밤을 맞이하여 즐거움과 고난, 그리고 역경 속에 헤매다 자신도 모르게 죽어간다. 나그네는 어디서 왔다가 어디로 가는지를 모른다. 나그네는 무엇을 위해 살다가 가는 것인지를 모른다. 인생의 밤이 쉬이 오기 전에 우리는 나그네의 삶을 청산해야 한다. 인생의 참다운 나침반을 준비해야 하고 찾아야 한다.

그 인생의 나침반은 예수 그리스도이다. 나그네의 주인이신 예수님을 만나자. 그때 우리의 정체성과 비전이 확립되는 것이다. 참된 인생은 크리스천이라는 정체성을 찾고 하나님의 비전과 사랑을 가질 때이다. 크리스천이라는 나를 발견하자. 그렇게 할 때 인생은 살맛이 나는 것이다.

보석

보석(寶石)은 아주 단단하고 광택이 있으며 색깔이 아름다워 영구적으로 보존할 수 있는 진귀한 광물이다. 그 산출이 희귀하고 장식용으로 가치 있는 가공된 광물을 총칭한다. 예를 들어 금강석, 비취(翡翠), 옥수(玉髓), 사파이어(sapphire), 루비(Ruby), 에메랄드, 단백석(蛋白石), 다이아몬드, 보옥(寶玉) 등을 보석(a precious stone)이라 한다.

사람들은 보석을 좋아한다. 그 이유는 보석은 아름답고 오래가며 존귀한 광물이기 때문이다. 그리고 사람들은 보석을 소유하기를 원한다. 귀한 보석을 소유한 만큼 자신의 신분을 표출하는 잣대로 생각한다. 소중하고 사랑하는 사람에게는 귀중한 보석을 선물하는 것은 그 보석만큼 소중한 증표이기 때문이다. 결혼식 때 다이아몬드를 신부에게 선물하는 것은 이러한 자신의 신분과 사랑을 표출하려는 것으로 해석할 수 있다.

미국의 스미스소니안(Smithsonian) 박물관은 세계 최고,

최대의 다이아몬드를 소장하고 있다. 그 보석의 이름은 호프 (Hope)라는 다이아몬드이다. 이 보석은 45캐럿의 인도산이며 찬란한 빛과 아름다움을 가지고 있는 진귀한 보석이다. 이 보석의 또 다른 닉네임은 "저주의 보석"이라고 불리기도 한다. 그 이유는 이 보석을 소유한 사람들이 하나같이 비극적인 최후의 삶을 마쳤기 때문이다.

그 보석의 유래를 보면, 원래 소유자는 페르시아의 총리였다. 그러나 그 총리는 보석을 애지중지하다가 그만 집에 들어온 강도에게 비참하게 살해되고 말았다. 두 번째 소유자인 페르시아 국왕은 휘황 찬란한 보석에 빠져 자신의 영토 안에서 쿠데타가 일어난지도 모르다가 반란군에게 처형당함으로 최후를 죽음으로 마쳤다. 그 후 보석은 프랑스의 부르봉(Bourbon) 가문이 식민지에서 찬탈하여 루이 14세에게 넘겨지게 되었다. 루이는 그 보석이 너무나 아름다워 목에 한 번 걸어보고서 천연두에 걸려 죽었다.

그리고 그 보석은 루이 16세의 왕비인 마리 앙트와네트에게 소유권이 넘어갔다. 그러나 루이 16세와 그녀는 프랑스의 혁명으로 인하여 혁명군에 의해서 단두대에서 형장의 이슬로 사라지고 말았다. 결국 이 보석은 영국으로 건너와 재벌인 헨리 필립 호프(H. Phillip Hope) 가문의 보석으로 이전되어 "호프 다이아몬드"라는 이름을 가지게 되지만 그 가문은 곧 몰락하고 말았다.

보석을 소유한 사람이 한결같이 저주받아 비극적인 삶을 마쳤다고 한다. 물론 주술적인 측면에서 충분하게 해석될 수도 있다. 그러나 기독교적인 관점에서 보면 보석 때문에 죽은 것이 아니다. 보석 때문에 화를 당한 것이 아니라 값비싼 보석을 소유한 욕심 때문이다. 사람은 비싼 보석을 소유함으로 걱정하고 염려하는 마음이 가득하게 되고, 이 마음은 삶의 변화를 가져오게 한다. 즉 모든 삶의 우선순위가 '보석을 어떻게 하면 잘 관리할 수 있을까?'라는 생각으로 바뀐 것이다.

보석을 가짐으로 불행이 온 것이 아니라 보석을 향한 잘못된 마음이 불행이 되는 것이다. 재물과 보화만을 쫓는 불나방 인생의 종착은 죽음과 허무뿐이다. 그러나 그리스도라는 참 진리와 생명이신 참다운 보석을 발견하고 그 마음에 두는 자는 행복한 사람이다. 진정한 보석이신 그리스도를 마음에 담아보자.

관용

관용(寬容)이라는 한자적 의미는 자신 생각을 접어두고 너그럽게 받아들이는 용서함을 말한다. 즉 관리나 윗사람이 아래 사람의 잘못됨을 꾸짖고 그 책임을 물어야 하는데 오히려 탕감해 준다는 의미이다. 영어권에서는 '톨레랑스'(Tolerance)라고 말하는데 자신에게 악하게 행하는 자에게 꾸짖거나 역성을 내지 않는 덕성을 말한다.

기독교 문화권에서 관용은 사랑과 용서 사이에 있는 중간의 덕목이다. 사랑(Agape)보다는 약한 덕목이지만 용서(pardon, mercy)보다는 차원이 높은 덕목이다. 즉 용서는 자비의 마음으로만 끝나는 것이지만 관용은 용서 후에 아량을 베풀어 무언가 혜택을 주는 덕목이다. 관용이 있는 곳에서는 항상 감동과 평화가 뒤따르게 된다.

얼굴에 털이 많아 개성적인 인상과 함께 유명한 사람이 있었다. 미국의 링컨 대통령이다. 그는 털이 많아 개성파로 불리기도 했지만 반대로 정적에게 공개적인 비난의 대상이 되기도 했다. 그 비난은 링컨의 정적(政敵)이었던 스탠튼(Stanton)이 링컨을 '팔이 긴 고릴라'라고 공개적으로 비난했다. 특히 심한 경우는 '고릴라는 대통령 궁이 아니라 아프리카의 정글에 있어야 하는 것 아니냐' 하면서 조롱 겸 비난의 말을 일삼았다. 그러나 링컨은 가시 같은 스탠튼을 권력을 이용하여 제거하지도 않았고 반박의 성명도 내지 않았다. 오히려 스탠튼을 대통령의 비서 격인 보좌관으로 임명하였다.

이 사건은 주위의 많은 사람들과 자신을 지지하는 당원, 관료들을 놀라게 했을 뿐만 아니라 스탠튼 자신에게 더 깊은 감동을 주었다. 감동을 받은 스탠튼은 처음에는 정치적으로 의심을 가졌지만 링컨의 참 마음을 알고 난 후부터 링컨을 잘 보좌하였다. 링컨이 1865년 4월 15일 존 윌크스 부스에게 총으로 암살되었을 때 가장 슬퍼하며 눈물로 애도했던 사람이 바로 스탠튼이라고 기록은 전하고 있다. 이는 관용이 베푼 아름다운 결과를 가져오게 한 것이다. 관용은 사람을 감동시키며 바른 관계를 만들어주는 덕목이다.

현대인들은 자신을 비난하는 자에게 관용보다는 상처와 원수로 얼룩지게 한다. 이는 자신까지 또 상처받는 악순환의 고리를 만들게 하는 것이다. 자신을 지키고 서로의 상처를 없게 하는 좋은 방법은 관용을 가지는 마음이다. 여기서 주요한 문제가 대두된다. 자신을 비난하고 죽이려는 자에게 링컨처럼 먼저 관용을 베풀어야 하는가? 라는 난제이다. 우리는 그 답을 안다. 링컨과 같이 우리도 먼저 관용을 베풀어야 한다. 그 이유는 바로 인간의 주인이신 예수님이 자신을 먼저 화평의 제물로 드리고 우리의 죄를 관용으로 용서해주셨기 때문이다.

먼저 관용을 베풀고 화해를 구하는 것은 용기 있는 행동이며 성숙한 인격으로 승화된 사람이다. 이는 신적인 성품을 가지는 것과 같은 것이다. 용서와 더불어 관용을 통해 상대방에게 더 좋은 일들이 일어나도록 기도하는 마음은 평화를 원하는 예수의 마음이다. 예수를 믿는 우리는 먼저 관용을 베푸는 용기 있는 사람이 되자.

자유

　세상에는 소중한 것들이 많이 있다. 생명, 사랑, 부모 형제, 민족, 종교, 인권, 자유 등등 헤아릴 수 없이 많다. 모두 다 귀한 것들이지만 자유는 나름대로 더욱 소중한 가치를 지닌다. 특히 자유(自由)는 우리 인생에 있어서 없어서는 안 될 중요한 요소이다.

　자유는 두 가지 면에서 귀한 가치를 발한다. 먼저 정치적으로 개인의 의사 결정에 타인이나 국가의 권력에 구속받지 아니하는 상태를 말한다. 이러한 자유는 신체상 정신상 모든 외부의 권력으로부터 배제하는 상태를 말한다. 그러므로 외적 권력이나 규제가 개인의 신념이나 사상을 지배하거나 얽매일 수 없는 것이다.

　자유의 법률적 의미로는 자유를 가진 개인이 법률의 범위 내에서 자기가 뜻하는 대로 행할 수 있는 행위를 말한다. 이 행위를 할 수 있는 것은 하늘에서 준 천부적인 특권으로 헌법의 조문에서는 자유권이라고 한다. 인간이 정치. 법률적 자유를 얻는 것은 우연히 생긴 것이 아니다. 역사적으로 유래가 깊다. 역사상 많은 사람들이 그 자유를 위해 싸웠고 죽어갔으며 또한 지켰다. 특히 근대사에서 일어났던 영국의 청교도 혁명(1642), 프랑스 대혁명(1789), 미국의 독립혁명(1775)은 자유 그 자체를 위한 시민혁명이었다. 시민혁명의 사상적 지주는 기독교의 자유와 평등사상에 기인한다. 이러한 시민혁명으로 인간의 존엄성이 향상됐으며, 인권과 자유라는 혜택을 가지게 된 것이다.

2000년 5월 30일자 국민일보 모퉁이돌 기사를 소개하고자 한다. 1886년에 미국의 뉴욕 항구에는 자유를 상징하는 "자유의 여신상"이 세워졌다. 그것은 자유의 소중함을 일깨워주고자 프랑스가 기증한 것이었다. 그 여신상이 세워진 동기는 자유주의 국가들이 자유를 소중하게 여기는 자유의 전령사 "엠마"(Emma)를 기념하기 위해 건립된 것이었다. 인간과 인권의 자유를 위해 생명을 걸고 헌신적으로 뛰었던 엠마는 자유를 위해서 그녀의 일생을 바쳤다. 그 자유의 여신상이 세워진 후 "자유의 여신상"에게 바치는 엠마의 시문이 제정됐다.

"피곤한 자 가난한 자 모두 내게로 오시오/
그렇게 갈망하던 자유를 호흡하시오/

누더기를 걸친 난민 집 없는 외로운 사람/

폭풍에 시달린 힘없는 사람/

이 생동하는 해변으로 오시오/

황금의 문에서 희망의 햇불을 높이 들리니"

엠마는 코사크 출신의 유대인 사람이었다. 그녀가 사는 마을에 슬픈 사건이 일어났다. 러시아의 코사크 기병대가 유대인의 마을을 습격해 주민들을 무참하게 살해한 것이다. 수많은 민초들이 저항다운 저항 한번 해보지 못하고 그들의 총칼에 쓰러져 갔다. 피투성이가 된 아이들! 일그러진 모습으로 처참하게 죽어간 노인과 중년들 사이로 한 소녀가 살아서 마을을 빠져나왔다. 그녀는 구사일생으로 살아서 미국 선박에 몸을 실었고 그 후 그녀는 미국에서 열심히 공부하여 시인으로 기자로 활동하면서 미국에서 명성을 얻었다.

그녀는 평생 동안 성경적인 평등사상과 자유를 가지고 모든 인간은 하나님 앞에 평등하며 자유인임을 주장했다. 권리자로서 소외된 자, 가난하며 인권 사각에 있는 자, 남성에 짓눌린 여성의 권익을 위해, 신성한 자유를 위해 누빈 자유의 여인이었다. 우리가 누리는 자유는 피와 투쟁의 열매이다. 이 소중한 자유를 지키는 자가 되자.

고통

고통(pain)은 쾌락의 대비되는 말로 괴로움과 아픔을 말한다. 괴로움과 아픔은 정신적, 육체적으로 해결하지 못할 때 생기는 한 현상이다. 천부적으로 고통을 안고 살아가는 사람도 흔하다. 가령 태어날 때부터 심장 판막증이나 또는 장애인으로 태어난 사람은 정상인보다는 훨씬 고통의 날들이 많아진다. 고난과 고통을 많이 당하게 되면 자신의 정체성을 잊어버리는 경우가 많으며 심할 때는 자살에 이르기도 한다. 고통을 이겨내지 못함으로 나타나는 비극이다.

그러나 인생은 살아가는 그 자체가 항상 고통의 연속일 수도 있다는 점이 더 큰 문제이며 슬픈 일이다. 사람들은 자신에게 닥쳐온 고난과 고통을 싫어한다. 그 이유는 너무 힘들기 때문이다. 그러나 인생에 있어서 적절한 고통은 성공의 재료가 될 수 있다. 이 고난을 잘 활용한 자는 성공이라는 기쁨을 얻을 수 있다.

프랑스인들이 자국에 있는 미술가 중에 최고 화가로 일컫는 사람은 르누아르이다. 그는 원래 가난한 가정에서 태어나 유년 시절을 어렵게 보냈다. 아버지가 일찍 죽고 어머니의 품팔이 일로 겨우 풀칠하는 정도였다. 가난을 이겨내고자 소년 시절 도자기 공장의 공원으로 일하면서 그림에 몰두했다. 그가 그리는 그림은 도자기에 그림을 그려 넣는 작업이었다. 르누아르는 자신의 그림의 재주를 인정받아 도자기에 많은 그림을 그려 넣을 수 있었다. 도자기 그림을 그린 지 수년이 지난 후, 그림의 가치를 인정받아 화가로 등단했다. 화가가 된 그의 기쁨은 날아갈 듯했다.

그러나 그가 화가가 된 후에 고난이 시작되었다. 그 고난은 바로 어렸을 때 고생을 너무 많이 한 결과로 신경통을 심하게 앓게 된 것이었다. 그 후로 그는 손을 거의 쓰지 못해 그림을 그리기에 불편할 뿐만 아니라 거의 불가능하게 되었다. 그러나 그는 절망하지 않고 붓을 손에 묶고서 그림을 그리기 시작했다. 자신의 손이 떨림으로 그림을 그릴 수 없어 취한 조치였다. 더불어 그는 실망하지 않고 이러한 방법을 그림을 그릴 수 있음을 감사했다. 그리고 긍정적인 마음을 가지고 열심히 노력하였다. 그 결과 이전보다 더 자유자재로 손을 놀리며 좋은 그림을 그릴 수 있는 기틀을 마련하게 된 것이다.

하루는 그가 손에 붓을 매고서 그림을 그리는 모습을 보고 한 방문객이 물었다. "화가 선생님! 이러한 손으로 어떻게 멋진 그림을 그릴 수 있습니까?"라고 말하자 르누아르는 "그림은 손으로 그리는 것이 아니고 마음과 눈으로 그리는 것입니다. 눈과 마음이 가장 좋은 도구입니다. 교만한 마음과 간사한 눈은 생명력 있는 그림을 그릴 수 없습니다. 바로 신경통이라는 이 고통이 나의 인생의 스승입니다. 이 고통이 나를 겸손하게 만드는 재료입니다."라고 태연하게 대답했다.

인생에 있어서 고통은 희망의 가시이며 재료이다. 혹독한 고통을 지혜롭게 받아들이는 사람에게는 '성공의 재료'가 되지만 그것을 이겨내지 못한 나약한 사람에게는 '절망의 약'이 되는 것이다.

성경은 "현재의 고난은 장차 우리에게 나타날 영광과 족히 비교할 수 없다"(롬8:18)라고 권면한다. 자신의 인생에 있어서 성공의 재료인 고통의 가시를 발견하는 지혜자가 되자.

안내자

　인생은 인간의 호흡이 끝나는 날까지 살아가는 삶이다. 그 인생은 길지 않고 짧은 생이다. 당나라 시인 두보(杜甫)는 그의 곡강시(曲江詩)에서 인생칠십고래희(人生七十古來稀)라 하여 일흔 살까지 살기가 어렵다고 했다. 성서에서도 인생은 70이요, 강건하면 80이라도 수고와 슬픔뿐이라고 한다. 예부터 인생은 전도(前途)를 예측할 수 없는 힘들고 나그네와 같다 하여 인생행로(人生行路)로 비유하기도 한다. 맞는 말이다. 인생은 쉬운 삶이 아니며 그 행로가 항상 어렵다.

　인생은 다양하게 구성되어있는 삶이다. 그 길은 성공과 실패의 길, 또는 즐거움과 괴로운 길로 그리고 환희와 공포의 길로 펼쳐져 있다. 아침에 자식이 결혼하여 즐거운 일이 펼쳐지다가도 저녁에 갑자기 부모 중 한 분이 급사하여 슬픔을 당하기도 한 것이 인생이다. 그러므로 인생은 굴곡(屈曲)과 질고(疾苦)의 연속이며 평탄한 삶이 아니라는 것은 이를 두고 한 말이라 할 수 있다.

인생은 산을 오르고 내려오는 길과 같다. 산행의 어려움은 올라가는 길이 어려운 것과 마찬가지로 내려오는 길도 어려우므로 잘 내려와야 한다. 산행을 할 때 여러 가지 많은 장애를 만난다. 비를 만나기도 하며 미끄러운 눈을 만나기도 하며 차가운 바람을 만나기도 한다. 그리고 하산하다 넘어져 코가 깨지기도 한다. 이같이 인생은 산을 오르고 내리는 것과 같이 어려운 것이며 안내자 없는 조난당한 사람과 같은 것이다.

실제로 어느 등산가가 높은 산을 안내자와 같이 산행하다가 폭우와 강풍, 그리고 천둥 번개를 만나 대원들을 잃어버리고 길을 헤매게 되었다. 그 사람은 특히 번개에 대해서 무서운 공포심을 가지고 있었다. 밤이 깊어지자 더욱 길의 방향을 찾기가 힘들었다. 그 등산가는 등산용 손전등을 가지고 어두운 밤을 헤쳐 가며 마을로 향하는 길로 조심스럽게 내려갔다. 그때 갑자기 번개가 치는 바람에 그 등산가는 깜짝 놀라 그만 쥐고 있는 손전등을 잃어버리고 말았다.

칠흑같이 어두운 밤의 길을 손전등 없이 간다는 것에 그 등산가는 어찌할 바를 몰라 두려움과 공포감으로 가득했다. 그 순간 또다시 번개가 번쩍하고 내리쳤다. 그때 그가 서 있던 길이 환하게 보였다. 그 등산가는 정신을 수습한 다음 번개가 칠 때마다 훤하게 비친 길의 방향을 잡아가면서 한 걸음씩 걸어갔다. 지금까지 두려워했던 번개의 빛이 지금은 오히려 좋은 길잡이로서 그 등산가를 안내했다. 그 등산가는 칠흑 같은 산속을 잃어버린 손전등보다 더 환한 번개 빛을 이용하여 무사히 산을 내려서 마을에 도착하였다.

우리의 인생도 같은 이치이다. 우리가 살아갈 동안 두려움의 대상이었던 것들이 오히려 이 번개처럼 때로는 인생의 좋은 안내자가 되는 것이다. 즉 인생의 번개로 생각할 수 있는 것들, 즉 고통과 모함, 그리고 배신과 질병, 억울함, 모함, 악처, 사업의 실패 이 모든 것은 인생의 번개가 되어줄 수 있는 것이다.

이처럼 나의 고통이 닥쳐올 때 그 환경을 인정하고 긍정적인 사고로 전환하면, 그것은 오히려 내 인생의 안내자가 될 수 있다. 비록 긍정적인 사고로의 전환이 오랜 시간이 걸릴 수 있지만, 굳건한 신앙을 가진 자는 금세 해결되곤 한다. 신앙이란 바로 예수 그리스도를 구주로 영접하고 그분의 마음을 품는 것이다.

성공 조건

성공(Success)은 삶에 있어서 일정한 뜻이나 바라는 것을 이루는 성취이다. 한 예로 사회적 부(富)나 지위를 얻음으로 자신의 이름을 크게 날리는 것이다. 성공한 사람은 기록에 남아 위인으로 칭송받는다. 더불어 모범적인 사람으로 간주되어 후세의 교육 지침이 되기도 한다. 성공은 자신을 풍요롭게 할 뿐만 아니라 명예와 역사에 쓰임을 받는 자가 되기도 한다. 그러므로 많은 사람은 성공하고자 계속 노력하지만 성공은 사람이 바라는 대로 쉽게 이루어지지 않는다. 성공보다는 더 많은 실패를 하게 되며 좌절하기도 한다.

"성공을 위한 조건은 무엇인가?"라는 글귀에는 많은 사람이 관심을 가진다. 일반적으로 성공의 조건은 여러 가지로 말할 수 있다. 먼저 행동의 측면으로는 성실함과 부지런함이 자주 언급된다. 마음가짐의 측면에서는 정직함과 순수함, 지혜와 완전한 지식 습득, 또는 집착력과 추진력 그리고 용기를 들기도 한다. 맞는 말이다.

필자는 성공의 조건을 겸손으로 설명하고 싶다. 성공의 때는 겸손을 습관화할 때 찾아온다. 겸손한 인생은 기쁨과 풍요로움으로 맞이하지만, 교만의 마음을 가지는 자는 찬바람이 이는 겨울의 인생을 면치 못한다. 실제로 그러한 예가 역사상에서 나타나고 있음을 찾아볼 수 있다.

유럽을 전쟁의 공포로 몰아넣었던 천재 전쟁광인 나폴레옹은 1-4차례나 대불 동맹을 맺은 제(諸)유럽 국가들과 싸움에서 연승의 가도를 이루었다. 그러나 마지막 제 유럽의 국가들이 나폴레옹을 제압하고자 최후의 결전을 하루 전의 상황이었다. 바로 워털루 전쟁이다. 나폴레옹은 전투를 하루 앞두고 서산으로 넘어가는 해를 바라보면서 깊은 상념에 잠겼다. "나의 군대가 승리하기 위해서는 저 태양이 느리게 넘어가고 오랫동안 하늘에 머물려야 할텐데"하고 중얼거렸다. 그 이유는 나폴레옹 군대의 특성은 강한 포병의 위용에 있었기 때문이다. 즉 맑은 날씨가 계속 이어져야만 대표가 물에 젖지 않아 승리할 수 있기 때문이다. 그러나 해는 어김없이 서산으로 넘어가며 다음날이 왔다.

나폴레옹은 전군을 모아놓고서 "오늘의 승리는 우리에게 있다. 그 이유는 이 자연도 대장군 나폴레옹을 알아보고 화창한 날씨를 줄 것이기 때문이다. 자연도 위대한 나의 편이 될 것이다.”라고 말하면서 자신의 위대성을 통해 병사들에게 사기를 불어넣었다. 드디어 전투가 시작되었다. 그러나 자연은 나폴레옹의 말대로 되지 않고 오히려 천둥과 번개를 치면서 소나기를 퍼부었다. 길은 온통 수렁으로 변했고 나폴레옹이 자랑하던 대포는 진흙탕에 박혀 무용지물이 되고 말았다. 그는 자신의 위대한 대포로 하늘을 향해 계속 쏘아보았지만 아무런 효과가 없었다.

그날의 소나기는 바로 나폴레옹의 교만을 무너뜨리는 복병이었다. 나폴레옹의 화려했던 그동안의 모든 성공은 그의 교만으로 인하여 실패하였다. 하나님이 만든 자연은 하나님만 따르므로, 자연은 항상 우리에게 겸손할 것을 늘 우리에게 가르친다.

성경은 “사람이 교만하면 낮아지게 되겠고 마음이 겸손한 자는 영예를 얻으리라”(잠언 29 : 23) 라고 가르쳐주고 있다. 겸손은 영광을 얻으며 인생을 풍요롭게 하는 성공의 지름길이다. 성공을 원하는 자 겸손의 옷으로 갈아입자.

세월(歲月)

옛사람들은 세월이 빠르게 지나감을 흐르는 물에 비유하였다. 그 세월은 어떤 것 또는 누구의 동의도 없이 일방통행으로 진행해가는 것을 의미한다. 즉 세월의 흐름이 빠르며 덧없이 흘러간다는 말이다. 그래서 흘러가는 세월의 기회를 잘 살리지 못한 것을 아쉬워하는 함축된 의미이다.

우리는 항상 세월이라는 위대한 힘 앞에 한없이 나약한 모습으로 우리의 삶을 진행해가다 삶을 마친다. 젊음이라는 한 정점이 엊그제 같은데 어느 날 하얀 백발을 날리며 죽음을 맞이하는 인생의 덧없음을 노래하는 것이 세월이다. 그 덧없는 세월을 아끼며 보람 있게 보내는 세월은 언제였는지를 되돌아보면서 후회하는 것이 우리네 인생이다.

세월을 히브리어로 '샤나흐 욤' 이라고 한다. 여기서 '샤나흐' 는 연수를 의미하고 '욤' 은 목숨 생명 또는 인명을 의미한다. 이 단어들을 합성하면 세월의 의미를 양적인 것으로 해석할 수 있다. 즉 연수가 길면 오랜 생명을 살았다는 의미이며 기나긴 시간의 여정을 말할 수 있는 것이다. 이 양적인 시간은 누구에게나 공평한 것이다. 사람들은 오랜 시간을 통해 자신의 생명이 연장되고 더 길어지기를 소원한다. 그래서 '샤나흐 욤'은 단지 물리적인 시간의 많은 진행을 의미하는 것이다.

어떤 사람들은 그 시간을 보람 있게 보내지 못한 것을 아쉬워하며 허송 세월을 보냈다고 말한다. 같은 연수를 살았으면서도 보람 있게 보내지 못함을 후회한다. 이렇듯 질적인 시간을 이르는 말을 헬라어로 '카이로스'라고 한다. 이 '카이로스'는 '샤나흐 욤'이라는 양적인 시간에 반해 질적인 시간을 내포한다. 즉 '얼마를 살았는가'라는 것이 중요한 것이 아니라 '어떻게 살았는가?'라는 질문 앞에 던져진 시간을 '카이로스'라고 한다.

사람은 세월을 많이 살았다는 것이 중요한 것이 아니라 비록 짧은 삶이지만 얼마나 보람된 삶을 살았느냐가 더욱 중요하다. 이러한 자세로 시간과 세월을 살아가는 자가 바로 지혜로운 자이며 세월을 아끼는 자이다.

세월을 아끼는 자는 항상 현재의 지혜를 사랑하는 자이다. 즉 어제의 지혜라는 시간 속과 또는 내일의 지혜 속에 자신을 묻어두는 것이 아니라 현재의 시간 속에 자신을 묻어두는 것이다. 즉 내가 과거에는 공부를 잘했으니까 지금은 공부하지 않아도 된다, 과거에 내가 잘살았으니까 지금은 놀아도 된다. 라고 생각하는 사람은 어리석은 사람이다.

또한 오늘은 좀 쉬고 내일 공부하자, 그리고 오늘은 내가 부자이니까 내일은 내가 좀 더 놀자, 하는 자도 어리석은 자이다. 자신에게 맡겨진 시간을 과거의 지혜나 미래의 지혜 속에 미루지 않고 항상 현재의 시간 속에 주어진 모든 일을 바르고 정의롭게 최선을 다하는 것이 바로 현명한 자이다. 시간은 우리를 기다려 주질 않는다. 시간은 바람처럼 또는 물처럼 빠르게 지나가는 정점이다. 흐르는 시간 속에 보람되고 질적인 시간을 갖는 사람이 되자.

정원사(庭園師)

　정원사는 정원(庭園)의 화단이나 수목을 가꾸는 사람(a gardener)을 뜻한다. 나아가 꽃과 수목의 생명과 건강상태를 진단하고 아름다움을 체크하는 수목 의사이기도 하다. 그래서 정원사를 장인(匠人)으로 보면서도 나무를 지도하고 생명을 돌본다는 차원에서 선비 '士'를 쓰지 않고 스승 '師'로 호칭한다.

　정원사(庭園師)는 꽃과 나무를 치장하고 다듬을 때 표면적으로 하지 않고 내면적 신중함과 원칙을 준수한다. 그 이유는 꽃과 나무의 생명을 돌보는 중요한 일이기 때문이라고 한다. 꽃과 나무에 가위질을 어떻게 하느냐에 따라 생명을 유지하고 나무의 품이 살아나는 관건이 되기 때문이다.

　이 정원사와 관련하여 임한창 작가의 『삶이 당신을 속일지라도』의 한 부분을 소개하고자 한다. 정원사에 의하면 꽃의 수명을 연장하려면 꽃줄기를 일직선으로 자르는 것이 아니고 대각선으로 잘라야 한다고 한다. 이유는 물을 흡수하는 면적이 훨씬 넓어져서 싱싱한 꽃을 오래 볼 수 있기 때문이다. 병에 약한 꽃나무의 줄기를 대각선으로 자르고 그 자리를 불로 태우면 물을 흡수하는 면이 넓어지고 나무의 부패도 막아준다고 한다.

병든 꽃나무에 가위를 대지 않으면 그 꽃은 곧 시들고 주변의 꽃들에게 병을 옮기는 것이다. 이때를 잘 맞추어 꽃을 관리하는 의사가 정원사이다. 정원사는 화단에 있는 꽃과 수목을 조련하고 가꾸는 주인이지만, 때로는 수목을 과감하게 죽이기도 하는 정원의 심판자이며 마술사이고 섭리자이기도 하다.

우주라는 커다란 화원의 정원사는 여호와이시다. 그분은 커다란 우주 정원과 꽃이라는 사람들을 사랑으로 물을 주며, 공의로 칼질을 하시고 돌보시는 영적 정원사이다. 하나님이 인간(택자)을 훈련하는 방법도 이 꽃나무와 같은 방법을 쓰신다.

꽃으로 자라야 할 필수적인 것이 물이듯 인간에게도 말씀과 훈계와 성령의 능력을 공급하신다. 그분은 한 인간을 성숙한 인격체로 만들기 위해서 꽃줄기를 자르듯 그 아픔을 주실 때가 있다. 그것이 부족할 때는 불에 태우는 고난도 가끔 주신다. 이는 아름다운 꽃처럼 인간을 자신의 목적에 합당하게 되도록 훈련하시며 키워 가신다.

바르고 온전한 사람에게 고난을 주심은 강한 하나님의 사람으로 만드시는 하나님의 섭리 방법이시다. 역경 없이 살아가는 인생은 힘없고 쓰러지는 꽃과 같다. 인생에 있어서 적절한 고난의 바람은 인생을 풍요롭게 하는 첩경이다. 우주의 대 정원사이신 그분의 섭리에 자신을 맡기는 것은 지혜로운 일이다.

이것을 감사하게 받아들이는 자는 아름다운 화원에서 청정하게 살아가게 된다. 시편 기자는 합당한 고난을 이렇게 표현했다. "고난 당한 것이 내게 유익이라 이로 인하여 내가 주의 율례들을 배우게 되었나이다"(시119: 71)라고 한다. 고난 속에서도 감사하자.

지도자

　지도자(Leader)는 집단에서의 지도적 기능의 관점을 가지고 그 집단의 구성원에게 행동의 방향을 제시하여 주며 통일을 유지하는 인물을 말한다. 여기에는 정치적·사회적 또는 종교적인 영역에서 탁월한 안목과 합리적인 지성으로 집단의 생존과 그 발전을 위해 헌신하는 자이다. 지도자는 단순히 인기가 있는 연예인이거나 또는 어떤 가문의 대표자 혹은 문화영역에서의 권위자들과는 구별되는 사람이다. 지도자는 집단의 생명과 재산을 보호하며 인간답고 존엄한 삶을 살도록 인도하는 인생의 지휘자이다. 이들은 진리를 제시하며 올바른 길로 인도하는 혜안(慧眼)을 가진 자이다.

　성경에 "소경이 소경을 인도하면 둘 다 구덩이에 빠진다"라는 말씀이 있다. 이 말은 앞에 가는 사람 즉 지도자가 소경처럼 정확한 판단과 지휘를 잘못하면 뒤에 따르는 부하 졸병들이 다 망하고 만다는 것이다. 우리는 군에서나 또는 일반적인 상하 관계에 있는 정치, 행정(공무원)에 있어서 지도자가 잘못 판단하여 그 부하나 수많은 백성이 곤경에 빠지게 되는 것을 볼 수 있다.
그 예가 바로 1997년 한국에서 치욕의 IMF이다.

　지도자는 자신과 집단이 공존하는 원리를 알고 실천하는 자
이다. 여기에는 몇 가지 원리가 있다. 지도자는 구성원의 약점
보다는 장점을 잘 찾아내 조직의 조화를 위해 활용해야 한다.
약점을 가능한 빨리 감추어주고 장점에 대해 칭찬할 줄 알아야
한다. 그렇게 할 때 약한 부류의 구성원이 용기를 가진다. 그때
집단은 힘을 받게 되고 조화와 질서 속에 발전을 이루어간다.
또한 지도자는 나무와 숲을 동시에 보듯 집단의 조화를 이루는
혜안이 필요하다.

　프랑스 시인 라퐁텐의 우화 중 동물나라 전쟁에 관한 이야기
는 지도자에 대한 교훈적 시각을 준다. 한 영역에 있는 동물이
다른 영역에 침범했다. 침범을 당한 동물들이 백수의 왕 사자를
사령관으로 하여 중간 보스를 세워 싸움에 임할 자세를 취하였
다. 힘이 있는 한 동물이 외쳤다. '몸집이 작은 토끼와 미련하고
지능이 낮은 당나귀는 이 싸움에 아무런 도움이 되지 않으므로
나서지 마라.' 했다. 그때 사령관이던 사자가 날카로운 이를 드
러내고 '조용히 입 닥쳐! 토끼는 힘은 없으나 동작이 민첩해 전
령으로 적합하다. 그리고 당나귀는 멍청하기는 하지만 입이 크

고 다리가 길어 나팔수로 적합하다. 동료를 헐뜯는 동물이 더 무서운 적이다'라고 말하였다. 지도자는 약점을 감싸주고 장점을 살려 팀워크의 조화를 만드는 것이다.

지도자는 부하에게 책임과 부여된 법률과 범위 안에서 권한을 주어 스스로 주인의식을 가지고 자신의 위치를 감당하도록 한다. 즉 부하나 백성이 피동적으로 사고하고 행동하는 것을 막고 적극적이고 긍정적인 사고로 행동하게 하여 효율을 확장시키는 것이다. 그렇게 함으로써 부하가 가지고 있던 달란트(장점)를 잘 활용하게 하여 조직과 팀워크가 살아나게 한다.

또한 지도자에게는 조직의 효율을 위해 자신이 먼저 솔선수범하는 헌신적인 자세도 중요하다. 언행일치가 되지 않은 지도자는 부하에게 신임을 얻지 못한다. 지도자가 실천하는 자세를 가질 때 구성원은 지도자를 존경하며 자신의 모든 것을 맡긴다. 현명한 지도자의 모습이 자신에게 있는지 찾아보는 지혜가 필요하다.

문화

문화(culture)는 인간의 손과 기술이 자연에 더해질 때 나타나는 가치의 변화이다. 예를 들어 들소는 자연이다. 그러나 들소에다 고삐를 채우면 많은 가치를 발생하는 문화가 탄생한다. 만약 천 평의 밭을 사람이 혼자서 삽으로 일굴 때 4시간이 소요된다면 고삐에 쟁기를 단 소가 일굴 때는 단 30분이면 해결된다.

조개는 본래 자연의 일부이다. 그러나 조개를 세공하여 장식품이나 단추로 만들어 옷에 부착하여 입을 때 아름다운 가치가 창출한다. 이처럼 문화는 자연에 인간의 능력이 더해질 때 생산되는 가치의 변화이다. 문화는 만물 중 인간만이 소유하는 고유한 영역이며 신으로부터 물려받은 축복이다. 인간은 문화를 창출하여 그 문화의 가치를 생산하며 또한 즐기며 발전시켜왔다.

인간의 문화는 점점 발전되어 인간에게 많은 기쁨과 편리함을 가져다주었다. 인간은 맛과 영양이라는 인간의 기본 욕구를 채워줌으로 건강을 창출하는 음식 문화를 만들었다. 더불어 사람의 몸만을 가리는 수준을 지나 패션으로까지 발전한 의복문화는 사람의 품질을 더욱 높였다. 추위와 더위를 막아줄 뿐만 아니라 미와 경제성까지 창출케 한 주거문화는 인간품위를 높여주었다. 교통과 통신의 발전으로 먼 거리를 가깝게 이어줌으로 물질문화의 혜택을 누리게 했다. 민주주의와 자유라는 사상적 체제와 만인이 평등과 공평하다는 법 정신이라는 정신문화의 풍요함, 그리고 음악 미술 영화 연극 등을 통해 정서를 위한 예술문화의 발전은 인간을 더욱 고상하고 품위 있게 하였다. 참된 문화는 인간을 위대하게 하는 마술사이다.

반면에 문화라는 이름 아래 쾌락과 방종으로 일그러진 퇴폐문화는 오히려 인간을 죽음으로 치닫게 하는 무서운 독이다. 로버트 기요사키의 "부자아빠, 가난한 아빠"에서 소개하고 있는 '부유한 사업가들의 최후'라는 사례를 인용하여 이해를 더하고자 한다.

1923년, 미국의 위대한 사회 지도자들이자 부유한 사업가들이 시카고에 위치한 에지워터 비치 호텔에서 모임을 가졌다. 그곳에 모인 인물들 중에는 세계 최대의 민간 철강 회사 사장인 찰스 슈왑, 세계 최대의 공공 사업체를 이끌던 사무엘 인설, 세계 최대의 가스 회사 사장인 하워드 홉슨, 세계 최대 기업 중 하나이던 인터내셔널 매치 사의 이바 크루거, 국제결제은행 은행장 레온 프레이저, 뉴욕 증권거래소 이사장 리처드 휘트니, 세계 최고의 주식 투자가인 아서 코튼과 제시 리버모어, 그리고 하딩 행정부의 각료인 앨버트 폴 등이 있었다. 그로부터 25년 후, 이 아홉 거인들의 삶은 다음과 같은 결말을 맞이했다. 슈왑은 오년동안 빌린 돈으로 살다가 무일푼으로 죽었다. 인설은 외국에서 가난하게 죽음을 맞이했으며, 크루거와 코튼도 무일푼으로 죽었다. 홉슨은 미치광이가 되었다. 휘트니와 앨버트 폴은 감옥에 들어갔다 나왔고, 프레이저와 리버모어는 자살로 생을 마감했다.

이들의 첫 번째 공통점은 인류가 문화라는 이름의 쾌락을 꽃피우던 시절의 선두주자였다는 것이다. 그리고 두 번째 공통점은 그들 인생의 종국이 비참한 파국으로 끝났다는 것이다. 참된 문화는 사람의 건전한 마음에서 비롯된다. 문화를 선용하려는 마음을 가질 때 아름다운 인생으로 다가온다. 반면 쾌락 문화를 꿈꾸는 자는 인생을 송두리째 파국의 불로 태우고 만다. 새로운 마음으로 선한 문화를 만들어 가자.

외모

    사람들은 외모에 많은 신경을 쓰고 또한 외모에 관심을 가진다. 그리고 외모가 출세의 기준이 되며 행복의 전부인 것처럼 살아가는 사람이 많다. 그래서 외모에 치중하는 사람은 성형수술을 하며 특히 옷에 많은 신경을 쓰며 살아가는 사람이 많다. 이러한 사람은 내면적인 아름다움이나 멋을 모르고 그냥 외형적인 것에 모든 초점을 맞추며 살아가는 사람이다. 이러한 사람들은 모든 사람을 외모와 외형적인 잣대로 평가하려는 사람들이다. 그런데 이런 사람들은 신앙 생활에 있어서도 마찬가지다.

    노르웨이 국경을 맞대고 있는 한 시골 마을에 비가 오면 줄줄 새는 초라하고 가난한 예배당이 있었다. 가난한 성도와 성직자는 이 예배당의 아름답고 튼튼한 건축을 위해서 몇 년 전부터 기도해오고 있었다. 그런데 어느 주일날에 허름한 복장을 하고 아주 볼품없는 노인이 예배당으로 예배를 드리기 위해서 예배당에 들어왔다. 노인은 강대상 바로 앞에 앉으려고 했다. 그때 예배위원인 안내 성도가 그 노인을 별로 대수롭게 여기지 않고 "이 앞 좌석은 장로들이 앉을 자리입니다" 하면서 자리를 뒤쪽으로 옮겨줄 것을 요구했다. 노인은 기분이 약간 상했지만 아무런 대답이 없이 자리를 옮겼다. 그리고 뒷자리에서 예배를 드렸다.

한 시간이 지난 후 예배가 끝나자 노인이 자리를 뜰 무렵 정장을 한 청년들이 나타나 그 노인을 호위하면서 차로 안내했다. 그때 목사와 안내위원이 "저 노인은 누구입니까"라고 묻자 호위병은 정중하게 "이분은 스웨덴의 오스카르(1872-1907) 2세 국왕이십니다. 국왕은 어제 저녁에 사냥을 국경 근처로 오셨다가 시간이 늦어져 돌아가지 못하시고 국경 근처에 있는 노르웨이 교회에서 예배를 드리게 되었습니다. 그리고 국왕 폐하는 가난한 교회에 많은 건축헌금을 하시겠다고 하셨습니다. 무슨 말씀을 듣지 못했습니까?"라고 말하는 것이다.

그 시골 교회는 교회건축의 귀중한 기회를 놓치고 말았다. 그 이유는 내적이고 참 신앙의 모습을 갖지 못하고 외형적인 모습만 추구했기 때문이다. 사람은 특히 기독교인들도 외모로 사람을 판단하려는 사람이 많다. 외적인 모습보다는 내적이고 참다운 사랑과 신앙이 우리에게 필요하다. 외모를 보지 않고 정성과 사랑으로 대하는 사람은 반드시 그 보답이 온다.

제4부

가치

가치(價値)

가치(價値)와 무가치는 한 글자 차이이다. 그러나 그 내용에 있어서 엄청난 차이를 나타내고 있다. 가치라는 단어의 일반적인 의미는 사물이 가지고 있는 의의나 중요성을 말한다. 예를 들면 사람의 언어는 의사전달(Communication)이라는 차원에서 엄청난 중요성의 가치를 동반한다. 무가치는 언어가 없어 정확한 의사전달을 할 수 없는 동물들의 축생(畜生)으로 설명할 수 있다.

가치의 철학적인 관념은 육체보다는 정신에 더 무게를 두는 것으로 진선미라는 관념주의이다. 즉 활동하는 육체보다는 정신의 기반을 가지게 하는 진리와 선과 아름다움이 더 가치가 있다는 것이다. 경제학에서 가치는 인간의 욕망을 충족시켜주는 재화나 그 효용이 얼마나 큰가에 따라 가치를 표현한다. 이처럼 가치는 무가치한 것과 분명한 차별을 두고 있는 것으로 인간에게 엄청난 그 결과를 가져다준다.

1999년 7월 12일자 국민일보 임한창 기자의 기사 내용을 소개하고 싶다. 남아프리카 공화국에서 다이아몬드 광산 개발이 시작되어 엄청난 부와 재화를 얻게 된 것은 우연한 기회에서 시작되었다. 한 소년이 산에서 주워온 돌에서부터 시작된 것이다. 한 상인이 남아공의 어느 마을에 머물렀을 때 그 소년의 집 선반 위에서 광채를 발하고 있는 커다란 돌 하나를 발견했다. 상인은 주인에게 물었다. "저 돌은 누구의 것입니까" "저것은 내 아들이 산에서 주워온 것인데요" 상인은 주인에게 부탁했다. "제가 아들에게 좋은 장난감을 주겠으니 저 돌을 내게 주지 않겠소?" 그러자 주인은 고맙다는 듯이 선반에 놓인 돌을 상인에게 주었다. 그리고 "장난감을 주신다면 제 아들이 좋아할 것입니다. 그리고 매우 기뻐할 것입니다."라고 하면서 주인은 하찮은 돌 대신 아주 좋은 장난감을 준 상인에게 고맙다는 인사를 했다. 주인은 그것이 아주 값비싼 다이아몬드라는 것은 전혀 몰랐다. 결국 이 돌은 케이프타운에서 12만5천 달러에 팔렸다. 지금은 수백만 달러를 호가한다고 한다.

인생도 마찬가지이다. 진정 중요한 것에 대한 가치를 모르고 살아가는 사람들이 너무 많은 것이다. 영생에 대한 가치를 모른 채 이 세상만이 참다운 세상인 줄 알고 사는 자가 얼마나 많은가? 안타까운 일이다.

인생(人生)은 축생(畜生)보다 더 가치로운 삶이다. 축생은 육체적인 삶 그 자체로서 끝나지만 인생은 영생을 추구하는 삶이므로 더욱 존귀한 것이다. 또다른 이유는 인생은 전능하신 여호와 하나님으로부터 위임받았기 때문이다. 우리는 진정 가치의 삶(영생)을 위해 살아가고 있는 실존들인가? 아니면 가치를 잊어버리고 이 땅에만 소망을 두고 살아가는 어리석은 존재들인가? 자신을 들여다보자.

평가

옛 속언에 "호랑이는 죽어서 가죽을 남기고 사람은 죽어서 이름을 남긴다."라고 한다. 이 말은 살아생전에 삶이 성실하고 온전하게 함으로써 그의 행적이 후대에까지 영향을 미친다는 것이다. 새겨 둘 말이다.

어느 작가가 쓴 동물의 대화를 통해 인간의 우둔함과 참 지혜를 얻게 하는 재미있는 글이 있다. 한 돼지가 젖소에게 불평을 털어놓았다. 자신은 사람들에게 햄과 베이컨과 고기를 제공하는데도 '게으름'과 '추함', '우둔함'의 상징으로 자신을 사람들이 평가하는지 모르겠다고 하소연한다.

이에 젖소가 도대체 무슨 말인지 구체적으로 말할 것을 이야기한다. 이에 돼지는 "너는 단지 우유만을 제공하고 나는 나의 온몸이 갈기갈기 찢기어, 삼겹살, 목등심, 족발, 순대, 비계살 등으로 유익을 주지 않는가? 그런데도 인간들은 나보다는 젖소 너를 더 가치 있고 소중하게 여긴다는 거야."

이에 젖소는 한참을 생각하다가 말하기를 "그 이유인즉 답을 내게 말해주겠다. 너는 죽어서 인간들에게 네 온몸으로 인간에게 제공하지만 나는 살아있는 동안에 신선한 우유를 매일 제공하는 것이야. 바로 이러한 점이 다른 것이다."라고 젖소는 현실적인 우월론을 설명하였다. 그때야 돼지는 고개를 끄덕이면서 시인하게 된다.

단순하게 생각할 때 참으로 의미 있는 말이다. 인간의 삶도 마찬가지라고 생각한다. 많은 사람은 죽은 후에 자신의 업적을 남기고자 무덤과 비문에 글로 새겨놓기를 원한다. 즉 죽은 후에도 자신의 업적을 기억하여 자신의 일로 평가받기를 원한다. 그러나 후에 평가를 받는 것보다 더 사람이 살아있는 동안에 이웃을 위해 선을 행하고 정의롭게 살아가며 온전하게 살아가는 것이 훨씬 더 값진 일이 될 것이다.

살아있는 동안에 사랑과 재물에 있어서 구두쇠가 되면 안 된다. 내일을 위해 돈을 모으는 것, 그리고 선행을 아낀다는 것이 잘못되어진 것은 아니나 정도가 지나치면 아니 된다. 오늘이 아름다워야 내일도 아름다운 것이다. 오늘이 아름답지 못하면서 내일의 좋은 평가를 바란다는 것은 모순이다. 내일은 오늘 현재 뿌린 열매를 거둬들이는 날이다. 현재에 충성하는 자는 반드시 내일의 영광을 바라볼 수 있는 자격을 가지게 됨을 기억해보자.

원동력

세계는 보이는 것과 보이지 않는 원동력(dynamic)이 있다. 즉 지구가 공중에 떠서 있다는 것과 그 자체가 자전 공전의 운동함으로 인해 엄청난 역사(役事)를 이루는 것을 외부적인 원동력이라 할 수 있다.

그런데 인간에게 감동과 따스한 감정을 전달하여 위대한 역사를 창조하는 것을 내부적 원동력이라 할 수 있다. 양자는 엄청난 파워를 보여주며 주어진 위치에서 막대한 역할을 한다. 그 원리를 발견하고 아는 것이 진리와 지혜를 얻는 것이며, 그리고 각각의 원리를 잘 적용할 때 위대한 것이 창조된다.

미국의 사상가이며 심리학자인 에머슨(Emerson)은 사람의 마음을 움직이는 것은 외부적인 영향 또는 힘으로 되는 것이 아니라 내부적인 힘인 사랑에 있음을 과학적으로 발견한 자이다. 인터넷에서 쉽게 찾을 수 있는 그의 어린 날의 일화를 소개하고 한다.

목장에서 풀을 뜯고 있는 소들을 끌어다가 외양간으로 넣어 달라는 주문을 받고 에머슨은 송아지를 끌고 가서 집어넣기 위해 온갖 노력을 했다. 그러나 이 송아지는 뒷발에 힘을 모으고 움직이질 않으며 오히려 에머슨을 조롱하듯 더 강하게 버티는 것이었다.

에머슨은 땀을 뻘뻘 흘리면서 온갖 꾀와 지혜를 동원했지만 헛수고였다. 이때 이 광경을 구경하던 집주인의 하녀가 암소에게 다가가서 송아지의 콧잔등을 쓰다듬으며 손가락을 물려주고 나서 손쉽게 육중한 송아지를 외양간으로 끌고 들어가는 것이었다. 내부적인 힘의 원리는 관심과 애정이다.

에머슨은 그때 사람이나 동물의 마음을 움직이게 하는 것은 외부적인 힘이 아니라 내부의 동기 부여라는 것을 깨달았다. 내부의 동기인 '당근(carrot)이라는 사랑과 외부의 동기인 '막대기(cane)라는 물리적인 힘을 발견한 것이다. 사람을 진정으로 움직이게 하는 것은 항상 내부의 동기인 사랑에서 출발한다는 것이다.

제자와 자녀에게 윽박질러 공부를 하게 하는 것보다는 칭찬과 관심을 가진 사랑의 마음으로 가르칠 때 그 마음이 열려 효과 있는 것을 얻게 된다. 외부적인 압력을 통해 굴복시키려는 것보다 잔잔한 미소와 사랑으로 대할 때 놀라운 역사가 나타나는 것이다. 내부적인 위대한 힘이 바로 여기에 있다. 자신과 타인에게 내부적인 원동력을 통해 힘써 새로운 역사를 창조하는 오늘을 보내자.

비우는 지혜

　인간은 인생을 살면서 성공과 실패를 거듭하며 살아간다. 성공적인 삶을 살아갈 때는 재물과 사람이 항상 자신의 곁에 있어 마음에 여유가 있고 풍요롭다. 그리고 객관적인 마음이 들기도 한다. 그것은 그만큼 심리적으로 안정되어 있다는 증거이기도 하다.

　그러나 사람이 실패의 길을 걷게 되면 자신의 약함을 드러내며 조급한 마음이 가득함으로 늘 불안과 염려, 우울한 사고가 지배하게 된다. 이때가 가장 위험한 시기이며 주관적인 마음이 나타난다.

　미국의 한 사업가였던 산토스(Santos)의 자서전을 살펴보자. 그는 자신이 하는 사업이 부도로 인하여 법원으로부터 파산선고를 받고 수만 달러의 빚을 지고 도산했다. 그 후유증으로 인하여 그는 병원에 입원하게 되었고 정신도 분열 증세를 일으키게 되었다. 불안, 우울증과 함께 정신분열 증세가 계속된 그는 자살이라는 급한 선택을 하게 된다. 그는 병원 옥상에 있는 벽에 올라가 수백 미터나 되는 거리로 막 뛰어내리려고 하였다.

그때 어디선가 찬송가 423장이 그의 귀에 들려왔다.

"너 근심 걱정 말아라, 주 너를 지키리,
주 날개 밑에 거하라, 주 너를 지키리"

찬송가를 듣자 산토스의 마음이 엉키기 시작했다. 자신의 주관적인 마음이 자살과 비관 그리고 우울증이 점점 걷히고 자신도 모른 기쁨이 스며들면서 생명에 대한 애착이 강하게 밀려오는 것이다.

그는 거기서 무릎을 꿇고 주님께 회개의 기도를 드리게 된다. 그때 자신의 마음이 텅 비어 있는 것을 체험한다. 그러자 자신을 짓눌렀던 염려 우울, 불안 등 무거운 것들이 떠나가고 평안한 마음으로 점점 가득하게 됨을 느낀다. 그리고 그는 새 출발의 의지로 마음이 강하게 솟구쳤다.

그는 다시 시작해야 할 사업에 자본과 사람이 없었기 때문에 홀로 할 수 있는 쓰레기 수거 작업을 하기 시작했다. 성실하게 한 보람으로 얼마만의 돈을 모으게 되어 이 돈으로 다시 치킨집을 운영하게 되었다. 그는 더 열심히 장인정신으로 맛과 서비스에 최선을 다했다. 이러한 운영철학으로 치킨집은 소문이 나서 선풍적인 인기를 얻게 되었다. 바로 이것이 미국에서 그 유명한 산토스의 치킨이다. 그 사람은 다시 재벌이 되었다.

자신의 주관적이고 부정적인 마음을 비우면 그 안에 하나님의 지혜로 채워진다. 사람의 성공을 가로막는 것은 어떤 시련이 아니라 교만함과 주관적인 마음 그리고 부정적인 마음이다. 이것만 비우면 성공의 길이 보인다.

합창

합창에 있어서 음정, 박자, 리듬은 기본적으로 중요한 것이다. 그리고 각 파트너가 자신의 개성적인 음성과 음색으로 전체 하모니에 동조해야 한다. 이러한 자세는 합창에 있어서 본질적으로 중요한 것이다. 각 파트너가 음정이 좋다고 자기 혼자 소리만 지르면 안 된다. 각 파트너는 자신의 음색으로 음정과 박자를 조율하는 능력으로 지휘자의 지휘에 맞추어 나가야 한다. 그래야 그 합창은 아름다운 소리를 만들게 되고 나아가 실존할 목적이 주어지고 번영한다.

우리 인생도 어떻게 보면 합창의 과정과 같다. 합창단이 음색과 파트너가 다르듯 우리 인간도 각자의 개성과 출신이 다르다. 다양한 조건 속에 있는 합창단의 목적이 아름다운 소리를 내듯, 다양한 모든 사람들이 한가지로 추구하는 것은 바로 아름다운 공동체와 행복이다.

국민일보 임한창 기자의 예화를 소개한다. 자연에 있는 기러기들이 날아갈 때 V자를 그리며 날아가는 것은 아름다움을 나타내는 것도 있지만 더 깊은 내막에는 공기의 저항을 최소한 줄여 힘을 줄이고 공동체가 안전하게 날아가기 위한 생존적인 전략이 있다.

맨 앞에 날아가는 기러기는 가장 빨리 지치기 때문에 그들은 자리를 바꾸어 가며 여행을 한다. 그 덕분에 뒤에 따라오는 기러기들은 공기의 저항을 거의 받지 않는다고 한다. 그리고 부상을 한 기러기가 있으면 소리를 질러 그 낙오자와 함께 남아서 기력을 회복할 때까지 같이 있어 준다는 것이다. 나아가 소리를 질러 올바른 방향을 알려주며 안전하게 공동체가 나아갈 수 있도록 한다. 이는 공동체의 행복과 안전을 위해 협동하는 거대한 자연의 아름다운 합창대이다.

이처럼 인생도 거대한 합창의 공동체이며 철학적인 실존들이다. 그러나 혼자서 살려고 하는 인생이 이 땅에는 참으로 많이 있다. 자신만이 독불장군이며 실존할 가치가 있는 것 마냥 모든 규칙과 법을 무시하고 사는 자가 많이 있다.

남을 인정하고 협력하는 마음을 가질 때 아름답고 참다운 합창단이 된다. 이렇게 할 때 자신도 살고 다른 사람도 살게 된다. 이것이 합창의 법칙이다. 명연주가 이루어지는 것은 합창 단원이 서로의 마음을 읽고 지휘자의 인도에 따라 자신을 조율할 때 탄생한다.

이처럼 인생도 주어진 체제(민주)의 사상과 법칙에 자신의 파트너를 전체에 조화시켜 맞추어갈 때 아름다운 사회공동체가 된다. 서로가 상대방을 인정하고 자신의 목소리를 낮출 때 밝고 아름다운 인생의 합창이 만들어질 것이다.

완성된 인격

　사랑의 대상은 자신과 이웃, 그리고 하나님이다. 이렇게 세 대상을 동시에 사랑하는 것은 사랑의 삼위일체적인 원리이다. 삼위일체적인 사랑을 행하는 자는 인격의 완성을 이루는 자이다.

　자신만을 사랑하는 자는 자애(自愛)적인 사람이며 이기적인 사람이다. 이는 사랑이 아니라 무자비를 쌓는 행위이다. 그러나 이웃을 사랑하는 자는 자신을 사랑할 뿐만 아니라 하나님을 은연중에 사랑하는 것이다. 그리고 그 인격이 하나님의 인격으로 완성되는 것이다.

　하나님의 속성인 성령의 열매는 사랑과 희락 화평, 오래참음 자비 양선, 온유 충성 절제이다. 여기서 이웃에 대한 구체적인 행위가 자비와 양선이다. 자비는 심적(내적)으로 동정을 나타나는 것이라면 양선은 외적인 행위로 물질을 적선하는 행위이다. 그러므로 이웃의 사랑은 인격의 완성이며 하나님이 우리에게 주신 사명인 것이다. 한 실례를 소개하고자 한다.

로마제국 당시 한 신실한 청년 크리스천이 예수님이 최후의 만찬 때 사용하셨던 은잔을 찾고자 했다. 그 은잔을 찾음으로 예수님의 향기를 느끼고 더욱 주님을 사랑하는 마음을 갖고자 함이었다. 그래서 그 청년은 먼 순례의 길을 떠나게 되었다.

청년은 종일 말을 달려 예루살렘 근처의 조그만 마을에 맨 처음 도착했다. 청년은 마을 어귀에서 구걸하며 먹고사는 한 노인을 만나게 되었다. 그 노인은 귀족 같은 청년을 보자마자 "보시오, 젊은이! 한 푼만이라도 적선하시오!" 하면서 옷소매를 끌다시피 구걸했다. 그러나 그 청년은 "나는 지금 위대한 주님의 마지막 은잔을 구하기 위해 다니는 중이오!" 하며 냉정한 표정으로 뿌리치며 걸음을 재촉하였다. 그 청년은 수년간 예루살렘 전역과 그리고 소아시아는 물론 심지어는 그리스 지방까지 찾아나섰다. 그러나 그 청년은 은잔을 찾기는커녕 몸까지도 병을 얻어 그만 집으로 돌아가야 하는 처지가 되고 말았다.

모든 것을 포기하고 고향을 향해 가다가 맨 먼저 도착했던 그 마을로 지나가게 되었다. 그는 처음 만났던 그 거지를 다시 보고서 자신도 모르게 자비심과 동정심이 생겨 거지 할아버지 앞으로 갔다.

그리고는 "할아버지 제게는 이젠 빵 한 조각밖에 없습니다. 이 빵을 드세요" 하며 근처의 우물에서 찌그러진 그릇에 물을 떠다주며 먹여 주었다. 그러자 그 순간 할아버지의 얼굴에 예수님의 형상이 나타나며 이렇게 말하는 것이다. "이 찌그러진 그릇이 바로 네가 찾던 은잔이란다." 보잘것없는 작은 이웃에게 하는 것이 바로 하나님을 사랑하는 것이다.

절망과 소망

한 청년이 자살했다. 그 시신 옆에는 조그만 메모가 있었다. "모든 것이 허무하고 마음이 텅 비어 있어 절망감으로 갑니다." 노벨 문학상을 수상한 클로드 시몬(Claude Simon)은 절망을 다음과 같이 말했다. "절망을 소유한 자는 아무런 살 가치도, 의미도, 목적도 모르면서 자신을 학대한다. 그리고 어느 때에는 죽음을 선택한다. 그때야 비로소 절망이 소망으로 변한다"라고 말했다.

생의 의미를 전혀 모르고 살다가 죽음이 왔을 때 절망의 끝이며 행복이라는 이야기이다. 실존주의 철학자들은 나갈 길이 없다는 것이다. 인생에 있어 나갈 길은 미쳐버리든지 또는 자살하든지 라는 두 가지가 있는 것이라고 한다. 절망 가운데 있는 현대인들은 이 몸부림에서 벗어나고자 끝없는 방황을 하고 있다.

샌프란시스코에 있는 2만의 히피족들은 1주일 동안 내내 '우리는 미쳤다. 우리는 미쳤다.' 고 소리친다. 그리고 텍사스에 있는 히피족들은 '너 죽고 나 죽자 우리의 행복을 위해'라며 광란적인 소리로 노래를 부른다고 한다. 가이아나에 있는 인민사원(people temple)에서 교주를 했던 짐 존스(J. jones)가 허무의 강가를 외치며, 절망의 강가에서 구원을 외치며 죽는 것이 바로 절망에서 벗어난다고 말하자 900여 명이 자살했다.

현대인들은 이처럼 허무의 강가에서 절망의 늪에서 몸부림치다 의미 없는 죽음으로 생을 마감하는 사람이 많이 있다. 섹스, 술, 마약, 춤, 히피가 진리라고 외치다가 그 마침이 허무함으로 가득 차 끝내 죽음으로 치닫는 것이 절망 속에 있는 인간이다. 이는 바로 하나님을 상실한 현대인의 무덤이다. 현대인의 무덤은 지상이 낙원이라는 공산당 귀신, 섹스 귀신, 히피 귀신, 허무 귀신이 인간의 소망을 차지했기 때문이다.

절망적인 사람은 내려올 산을 굳이 왜 올라가느냐? 라고 하며 언젠가는 죽을 인생인데 빨리 죽는 것을 강조하는 것은 그 안에 산(山)이라는 목표(소망)가 없기 때문이다. 그 산은 자신이 올라갈 때 힘들지만 과정과 이기는 힘을 주는 활력소이다.

그 산이 인생이라면 산의 가이드가 예수라는 전능자이시다. 절망에서 소망의 인간으로 되돌아가려면 현대의 무덤 귀신에

서 벗어나는 것뿐이다. 그것은 바로 예수 그리스도이다. 예수만
이 유일한 인생의 소망이며 삶의 원천이다. 그분은 죽음과 절
망을 정복하고 우리에게 영원과 기쁨을 주었기 때문이다. 예수
를 만남으로써 인생의 절망에서 벗어나 진정한 소망을 만나자.

꿈

꿈이란 잠을 잘 때 보이는 현실이 아닌 착각이나 환각의 상태이다. 즉 현실을 떠난 사고(思考)를 말한다. 또한 꿈은 마음속으로 어떤 이상을 바라거나 그렇게 될 것을 소망하는 마음을 말하기도 한다. 그래서 꿈을 꾼다고 하며 그 꿈이 이루어지길 고대하기도 한다. 사람은 나름대로 꿈을 가지고 있으며 꿈이 세상적이든지 영적이든지 간에 이루기를 원한다.

그 꿈을 이루고자 노력하며 최선의 방법을 추구하나 사람들은 꿈을 이루지 못하고 좌절하는 경우를 많이 본다. 특히 어떤 사람은 자신이 바라는 꿈을 이루었으면서도 의미 없는 삶을 살아가는 경우가 있다. 꿈을 이루었으면서도 만족을 하지 못하는 것은 삶의 참다운 가치를 느끼지 못하기 때이다. 그러면 꿈을 이루고 만족하며 가치 있는 삶을 살아가는 것은 언제일까? 바로 자신만을 위한 것이 아니라 하나님과 이웃을 위한 꿈을 가질 때이다. 참다운 꿈은 무엇인가? 두 가지로 나누어 볼 수 있다.

먼저 하나는 자신을 아는 창조적인 사고를 한다는 것에서 찾아볼 수 있다. 이는 내가 이 땅에 태어나 살아가는 목적을 분명하게 알았다는 것이다. 다시 말해 나는 왜 이 땅에 태어났고 무엇을 위해 살아야 하는 가를 분명히 아는 것이다. 나는 하나님의 꿈을 이루어드리기 위해 태어났고 그분의 작품이며 하나님의 선한 일을 위해 지음을 받은 실존이라는 것을 아는 창조적인 사고이다.

다음으로 십자가 브랜드의 삶을 목적으로 삼을 때이다. 브랜드라는 것은 명품을 더 잘 소개하고 알리기 위해 마크를 부착하거나 디자인에서 독특한 패턴을 사용하는 것을 의미한다. 이러한 것으로 브랜드의 전체 이름을 쓰지 않아도 누구나 명품이라는 것을 알게 된다. 일례로 만년필의 명품인 몽블랑(Mont-blance)은 몽블랑 산을 형상화한 회색 별 모양을 만년필 뚜껑에 그려 넣은 것이다. 또한 펜 촉에 새겨둔 숫자 '4810'은 몽블랑 봉우리의 높이를 나타내는 것으로 이는 최고를 향한 명품이라는 표시이기도 하다.

명품 브랜드와 같이 우리 크리스천에게도 브랜드가 있다. 그 브랜드는 십자가이다. 크리스천이라는 십자가 브랜드는 인생에 있어서 가장 멋있고 품위 있는 명품 중의 명품이라는 것이다. 그 십자가의 의미는 희생과 생명 그리고 사랑이라는 심벌이 있는 가장 소중하고 아름다운 브랜드이다. 이처럼 크리스천인 성도는 이웃과 인류에게 사해동포주의의 정신인 헌신과 사랑, 생명이라는 브랜드의 삶을 우리 인생의 목적으로 행하려고 할 때 완전한 꿈을 가지게 된다. 그리고 그제야 비로소 그 꿈을 성취하도록 하나님이 인도하시는 것이다.

미국의 제16대 대통령을 지닌 링컨은 자신의 꿈을 위해 살지 않았다. 그는 미국을 하나님의 나라로 세우고자 하는 원대한 꿈을 가지고 있었으며 억압과 고통 속에 있었던 불쌍한 노예들을 자기의 일처럼 여기고 그들을 해방하려는 십자가 브랜드의 마음을 가진 것이다. 하나님은 십자가의 명품 브랜드를 가지고 있는 링컨을 변호사와 더불어 대통령이라는 위대한 자로 세우시고 그 일을 하게 하신 것이다.

원대한 꿈을 가지라! 나를 위한 꿈이 아니라 하나님과 인류를 위한 꿈을 가질 때 하나님께서는 우리를 반드시 사용하시며, 역사에서 위대한 사람으로 높이 세우실 것이다.

행복의 조건

인간이 왜 사는가? 라고 묻는다면 그 대답은 여러 가지 있겠지만 인간은 행복을 얻고자 하는 소망으로 산다고 할 수 있다. 행복을 추구하는 것은 모든 인간이 바라는 공통분모이며 그 행복을 위해 자신의 꿈을 키운다. 그 꿈은 자신이 바라는 미래의 직업, 위치, 명예, 결혼, 그리고 현재와는 달라진 미래의 실존이 될 수 있다. 그러므로 사람들마다 행복의 조건은 제각각이다. 그들이 원하는 행복과 꿈이 모두 다르기 때문이다.

벤저민 리턴버그는 행복의 조건 중 하나를 다음과 같이 말했다. 행복을 위해서 자신의 잠재능력을 계발하라. 자신의 잠재능력을 계발하지 않고 편하게만 살아가는 것은 일종의 자살이다. 새겨볼 만한 말이다. 일생에 한 번 주어진 자신의 삶을 무의미하고 대충대충 살아간다는 것은 부끄러운 삶이요 무책임한 삶이다.

인생을 살아가는 삶의 모습은 두 가지 스타일로 나누어 볼 수 있다. 먼저 하나는 자신의 삶을 다시는 오지 않을 것으로 생각하고 "최고로 최선으로" 살아가는 사람이 있다. 이들은 자신에게 주어진 모든 면을 긍정적으로 최선을 다해 살아간다.

반면, 또 하나는 자신의 삶을 그냥 "최소로 또는 그럭저럭" 살아가는 사람이 있다. 현실에 불만족하고 주어진 일에 편하게 대충 살아가려는 사람이다. 전자는 행복의 조건을 충분하게 가질 수 있는 사람이지만 후자는 불행의 조건을 안고 사는 사람이다. 행복은 그냥 오는 것이 아니다. 자신이 스스로 만들어 가는 것이다.

소크라테스는 만족하는 돼지보다는 불만족하는 사람(철인)이 되라고 했다. 이는 현실에 만족하는 것은 정지(停止)이지만 불만족은 활동이며 계속적인 사고(思考)라는 것이다. 주어진 자신의 달란트를 계속적으로 활용하여 발전을 추구하는 긍정적 행동이다.

예수님도 마지막 심판에서의 큰 죄를 다음과 같이 "자신에게 주어진 달란트를 활용하지 못하고 악하고 게으르게 살아간 자."라고 지적하셨다. 이는 우리가 도둑질, 살인죄를 큰 죄로 생각하지만 더 큰 죄는 주어진 달란트를 활용하지 못한 것이라고 예수님은 지적하신 것이다. 타당하고 이유 있는 논리이다.

그렇다면 우리 자신의 달란트를 최선으로 활용하는 방법론은 무엇인가? 그것은 많은 것을 한 번에 하려고 하는 것보다 작은 일부터 주어진 일에 한 걸음씩 전진하는 것이며, 매시간 성실로 최선을 다하는 것이다. 즉, 작은 현실에 충실하며 내일에 기대하는 성실한 마음을 가지는 것이다. 작은 일에 충성한다는 충소지사(忠小之事)라는 화두를 가지고 전진할 때 행복은 가까이 다가온다.

참 자아

    아널드(Matthew Arnold) 시인은 "인생의 참 자아는 보이지 않는 땅속 지층을 흐르는 지하수"라고 비유했다. 이는 척박하고 힘든 땅 표면에 물을 공급해주는 지하수가 진정한 생명수인 것처럼, 참 자아는 인생의 가장 중요한 부분임을 말하고자 한 것이다. 그리고 또 보이지 않은 곳에서 겸손한 마음과 자세로 살아가는 인생을 표현하는 것이다.

    그렇다. 참 인생의 자아는 자신을 감추면서도 희생과 봉사를 통해 다른 대상에게 생명을 주고 활력을 불어 넣어준다. 지하수처럼 우리의 육체를 적시고 있는 참 자아는 모든 인간에게 주어져 있는 본성이다.

    김의환 교수의 칼럼 내용 중 참 자아에 대한 예화 하나를 소개하고자 한다. 미국의 현대 시인이며 문학가였던 칼 샌드버그(Carl August Sandburg)는 22년동안 정성과 심혈을 쏟아 아브라함 링컨(A. Lincoln)대통령의 전기를 저술했다. 미국인의 훌륭한 대통령이며 가장 존경받는 대통령의 전기라서 그런지 출판된 뒤 베스트셀러가 되었다. 칼 샌드버그는 일약 저명한 작가가 되었고 메스컴을 타게 되었다.

　하루는 그의 친구가 찾아와서 축하를 해주며 말했다. "자네는 유명한 작가가 되었고 길이 빛나는 위업을 달성했네! 정말 자네는 인생에 있어서 성공한 거야! 이젠 앞으로 어떤 것으로 큰일을 할 것인가?" 하고 물었다. 그때 칼 샌드버그는 다음과 같이 대답했다. "나는 지금까지 아브라함 링컨 대통령이 어떤 사람이었는가를 찾아 다녔지만 이제부터는 자신 속에 들어있는 나의 참 자아가 무엇인지 찾아 보려고 하네! 진정한 칼 샌드버그가 누구인지를 찾아보려고 말이야." 라고 이야기 했다고 한다.

　그렇다. 진정한 사람은 자신의 자아를 바로 발견한 사람이다. 현대인들은 참 자아를 발견하는 것보다는 외형적인 것에만 초점을 맞춘다. 자신도 알지 못하는 일에 많은 관심을 쏟으며 정력을 낭비한다. 그런 다음에 부질없이 살다가 생을 마감한다. 슬픈 일이다.

　참 자아를 찾아 "나는 누구인가? 나는 어디서 왔다가 어디로 가는가? 나는 무엇 때문에 이 땅에서 실존하고 있는가? 나는 왜 먹는가? 나는 왜 지금 하던 일을 해야만 하는가? 나는 왜 죽는가? 그리고 나는 왜 미워하고 슬퍼하며 분노하는가? 그리고 왜 사랑하고 즐거워하고 기뻐하는가?" 라는 실존적 물음과 신앙 철학적 사고에 관심을 기울여야 한다.

'우리는 이 땅에서 다른 사람에게서 어떠한 존재인가?'를 깊게 사색해보는 제2의 칼 샌드버그가 되었으면 한다. 깊어가는 계절, 인생의 여정 가운데 자신 안에 있는 자아를 찾아 사변(meditation)의 여행을 떠나보자.

삶은 꽃씨

정직(honesty)이라는 말은 거짓이나 꾸밈, 또는 사특함이 없고 곧고 바른 양심과 감정을 말한다. 나아가 사람의 이성에 한 점의 부끄럼이 없이 솔직하고 담백한 지성을, 그리고 사람과 사물 또한 모든 일에 깨끗하게 처리하는 행동자를 말한다.

정직한 자는 지성, 양심, 행동이라는 삼위일체적 인격의 결과로 나타난 것이다. 어느 정치가는 자신의 정직을 행동하는 양심이라고 표현한다. 이는 정직은 마음뿐만 아니라 지성과 행동에도 동일하게 적용되어야 한다는 의미로 말한 듯하다.

이 세상은 부정직과 술수 그리고 사특함이 판치는 사회이다. 이는 잘못된 사회구조로부터 영향을 받은 현상이라고 할 수 있다. 정직을 행하는 자는 이익을 보기는커녕 만성적으로 손해를 본다는 심리적 사회적 작용 때문에 나타난 것이다.

많은 사람은 할 수만 있다면 성공과 출세를 위해서 거짓과 아부 그리고 부정직함으로 삶을 일관해 가고 있다. 그러나 아무리 사회가 이렇게 되었다고 할지라도 인간의 하나밖에 없는 자신의 양심을 속이면서까지 살아간다는 것은 자신을 망치는 것이다. 분명한 것은 부정직으로 성공과 출세를 찾기보다는 정직과 성실함 마음으로 참다운 인간의 모습을 회복하는 것이 복되다는 것이다.

옛날 나라를 다스리는 왕이 정직하고 성실한 신하를 찾고자 하여 신하들을 불러보았다. 그리고서는 꽃씨를 하나씩 나누어 주면서 화분에 잘 키워 가져온 자에게 큰 상금을 주겠다고 했다. 몇 개월이 지난 후 신하들이 꽃이 만발한 화분을 가지고 입궐하였다. 그런데 그중에 한 신하만이 빈 화분을 가지고 온 것이다. 임금이 그 신하에게 그 연유를 물었다. 그러자 그 신하의 말이 가관이었다. "저는 왕이 주신 꽃씨를 받아서 화분에 심고 계속 몇 개월 동안 물을 주었지만 꽃이 자라지 않아 그대로 가져왔습니다."라고 하는 것이다.

그 이야기를 듣던 왕은 그 신하에게 큰 벼슬과 많은 상금을 주고 나를 가장 잘 섬길 수 있는 충신이라고 선포한 것이다. 어리둥절한 신하들에게 임금은 말하길 "짐은 경들에게 삶은 씨앗을 각각 나누어 주었다. 그러므로 꽃이 필 수가 없다. 그런데

이 한 신하만을 빼고 나머지는 다 다른 씨앗을 심어서 가져왔다. 짐은 정직한 자를 찾고자 이러한 시험을 했느니라"라고 하는 것이었다.

그렇다. 아무리 사회가, 주위가, 시대가 그렇다고 할지라도 사람은 정직하고 성실해야 한다. 이것이 사람의 본분이다. 늘 정직하기를 말씀하셨던 예수 그리스도 안에서 정직한 사람으로 남은 삶을 복되게 살아가는 지혜를 찾자.

뿌린 대로

　뿌린 대로 거둔다는 것은 자연법칙이다. 벼를 심으면 그 자리에 벼가 돋아나며, 사과 씨를 심으면 그 자리에 반드시 사과나무가 자라난다. 그리고 많이 심으면 많은 수확이, 적게 심으면 적은 양의 수확이 나온다. 자연은 절대로 심지 않는 곳에 풍성한 과목이나 열매가 열리지 않는다. 적게 심은 곳에 많은 양이 나오지 않는다.

　사람의 삶도 마찬가지이다. 사람이 어떤 것을 심느냐에 따라 좋음, 또는 나쁜 결과가 조작 없이 나타난다. 많이 공부한 사람은 좋은 성적이, 조금 공부한 사람이면 나쁜 성적이 나타난다. 자신이 공부하지 않고서 많은 것을 바란다면 그것은 불한당(不汗黨)이다. 불한당이란 땀을 한 방울도 흘리지 않는 집단을 말한다. 열심히 일한 자는 풍성한 열매가, 선한 일을 많이 한자는 그 대가에 맞는 축복을, 부지런히 일한 자는 부의 결과를 가져오게 된다.

옛날 인도의 거리에서 한 거지가 매일 매일 구걸하며 살아가고 있었다. 그 거지는 항상 얻어먹고 사는 것에만 익숙하여 자신이 받은 것은 절대로 남에게 주지 않았다. 다시 말해 받는 기쁨만 알았지 주는 기쁨을 알지 못했다.

하루는 왕이 민정을 시찰하고자 변복을 하고서 그 저자 거리를 지나게 되었다. 그 거지는 부티가 나는 왕에게 자비를 구했다. 왕이 그 거지를 보니 사지가 멀쩡하고 건강한 사람이어서 스스로 노력하면 살 수 있을 것 같았다. 그래서 왕은 "당신이 가지고 있는 것을 나에게 좀 보태주시면 큰 복이 올 것입니다." 했다. 그러자 그 거지는 전혀 마음에 내키지 않았으나 주위 시선과 체면 때문에 할 수 없이 자신이 구걸한 몇 알의 곡식을 왕의 손에 주었다. 그리고 "내가 큰 인심을 베풀었수다." 하면서 자랑스럽게 말했다. 이에 왕은 "그대가 주신 것에 똑같이 나도 다시 드리리다. 그리고 이제는 열심히 일해서 스스로 살아가도록 하시오" 하며 거지 손에 세 알의 금을 주었다. 거지가 받아서 확인해보니 진짜 금이었다. 그때 거지는 속으로 중얼거리면서 "이럴 줄 알았으면 쌀 한 되를 줄 것을" 하며 땅을 치며 후회했다.

그렇다. 인생의 어떠한 행위도 반드시 그 뿌린 대로 거두게 된다. 감사의 계절이다. 풍성한 가을의 열매들이 아름답게 열려

있는 것이 풍요롭다. 우리도 이제는 인생의 풍요로움을 위해 선
과 사랑, 그리고 부지런한 씨를 많이 심는 지혜로운 자가 되자.
그리하여 인생의 마지막 추수를 결산할 때 여유와 기쁨을 맞는
기다림을 가져보자.

불행

불행(不幸)은 슬프고 힘든 일이다. 행복한 날이 이어지다가 갑자기 불행이 오면 많은 고통과 어려움을 느낀다. 모든 인간은 불행을 원치 않는다. 불행이 오면 초조함과 아울러 많은 스트레스를 받음으로 인해 더욱 힘든 삶이 이어지기 때문이다.

사람에게는 두 부류가 있다. 행복한 자와 불행한 자이다. 전자는 행복을 자연과 마음에서 추구하나 후자는 물질과 소유에서 찾는다. 이 차이는 얼핏 보기에는 별 차이가 없는 것 같지만 엄청난 차이를 동반하고 있다. 불행한 사람들은 행복을 보편적인 만족에서 찾는 것이 아니라 상대적인 우월감과 소유의 잣대에서 찾으려고 한다. 다시 말하면 이들은 나 외의 어떤 사람보다 더 많고 강하고 큰 것을 소유하는 것을 행복의 조건으로 생각한다.

영국의 유명한 문학 작가인 서머셋 모옴(William Somerset Maugham)은 그의 작품 "달과 6펜스"(The Moon and Six

Pence)에서 행복과 불행을 표현하고 있다. 그는 행복과 불행을 세속적인 삶과 고상한 삶이라는 은유로 표현한다. 세속적인 삶은 6펜스와 같이 금전으로 모든 삶을 성공의 잣대로 생각하는 물질적인 삶을 추구하는 것이라고 했다. 이러한 삶은 반드시 불행한 결과를 가져온다는 것이다.

그러나 고상한 삶은 달과 같이 빛을 어두운 곳에 비치게 하며 어떤 보상도 바라지 않는 정신적인 삶을 표현하고 있다. 이러한 삶은 항상 여유와 사랑과 낭만이 있으며 기쁨과 행복이 충만하다는 것이다. 그러나 물질추구의 세속적인 삶은 편리하고 좋아 보이기는 하지만 인생의 허무와 불행이 금방 다가올 것을 경고하고 있다.

더불어 이 세상에서 돈으로 살 수 없는 것 즉 공기, 물, 자연, 사랑, 희생, 희망, 생명, 즐거움, 우정, 연인, 친구들은 돈보다 더 귀한 것들이라고 말한다. 바로 고상한 삶은 이러한 것들을 추구하며 살아가려는 삶을 말한다. 숭고한 일은 물질보다도 더 큰 만족과 행복을 삶에 가져다준다는 진리 역시 강조한다.

우리 인생의 목적은 돈과 물질이라는 소유에 있는 것이 아니라 참다운 삶의 모습을 찾아가는 것이다. 신과의 관계에서 그리고 인간과의 관계에서 관계설정을 성실과 신의(信義)로 해가는 것이 행복이다. 여기서 종교성의 본질이 나온다. 흠 없이 완전한 사람의 형상을 찾아가는 것이 기독교의 목적이다. 즉 완전한 사람이요 하나님이신 예수 그리스도를 닮아가려는 것이 생의 목적이다.

불행한 자는 만사를 물질로 해결하려고 한다. 물질은 비인격이다. 그리고 관계설정이 항상 냉정하고 차가운 경쟁의 논리에서만 이루어질 뿐이다. 그러나 인생은 경제적인 삶만으로 살아갈 수 없는 존재이다. 불행한 사람은 돈이 없는 자가 아니다. 진정으로 불행한 자는 꿈과 희망과 감사가 없는 것이다. 행복한 사람이 되고자 한다면 고상한 삶의 모습을 추구해보자. 작가 모옴이 말하는 달과 같은 사람으로….

명경불피(明鏡不疲)

　슬픈 일, 어려운 일, 힘든 일이 너무도 많이 일어났던 한 해를 시작 한 지가 엊그제 같은데 벌써 송년을 맞이하는 시간이다. 세월이 유수 같다고 어느 시인이 했던 말이 전혀 낯설지가 않다. 힘들고 어려웠던 지난 해를 보내고 새로 올 첫머리를 명경불피(明鏡不疲)라는 글귀를 떠올리고 싶다.

　이 말은 맑은 거울에는 거짓 없이 사람과 모든 사물이 환하게 비춘다는 것이다. 그래서 이정전서(二程全書) 같은 책에는 명경위추부지원(明鏡爲醜婦之寃)하여 못생긴 여자에게는 명경(거울)이 원수가 되게 한다는 말이 있다. 그 이유는 그 거울은 못생긴 여자의 구석구석을 비추기 때문이라는 것이다. 흐린 거울이라면 못생긴 부분이 감추어질 수 있기 때문이다.

　명경불피와 같은 마음을 가진 사람을 세설(世說)에서는 얼굴과 사물이 아무리 비추게 한다 해도 두려운 마음이나 어려움이 없다고 한다. 그 이유는 맑은 거울과 같이 고운 심성을 가지면

비록 어려움이 있더라도 내적인 힘이 끊임없이 솟아 나와 정당한 삶으로 살도록 이끈다는 것이다.

명경불피 같은 마음을 가진 사람이 바로 예수 그리스도이시다. 그분의 마음과 행동이 너무도 투명하여 깨끗하게 비추므로 당시 불의와 거짓으로 살았던 서기관이나 대제사장에게 미움을 받게 된 것이다. 서기관이나 대제사장의 불의가 예수의 맑은 모습에 비추는 것이 두려웠기 때문이다. 그들은 맑고 신성과도 같은 예수의 마음을 보자 예수를 신성 모독죄로 죽였다. 당시 유대 사회의 지도자들은 불피(不疲) 같은 자신들의 모습이 견딜 수 없었던 것이다. 이러한 측면에서 볼 때 거울과 같이 밝은 심성을 가진 사람이 세상을 살아가기가 여간 어려운 것이 아니다.

해가 넘어가도 정치권에서는 비리와 수뢰혐의가 온통 난리이다. 지도자의 모습이 이처럼 불피(不疲)하게 드러나자 나라의 근본 자체가 흔들리는 모습이다. 이럴 때일수록 명경불피와 같은 마음가짐을 갖는 용기가 필요하다. 우리는 우리 자신을 너무도 움츠리고 아집과 어둠으로 치달았던 시간이 아니었는가를 생각해 볼 필요가 있다. 이러한 모습을 던져버리고 맑은 거울 같은 마음을 회복해 보는 것은 자신의 가장 큰 용기라고 할 수 있을 것이다.

맑은 해에 우리의 깨끗하지 못한 모습과 마음을 던져버리자. 아무리 세상이 미워한다 할지라도, 설령 불의의 죽음이 우리의 주변을 맴돈다 할지라도 의로운 일에서 정직한 일에서 꿋꿋하게 서는 자세를 가져보자. 명경지수와 같은 마음으로 새로운 결단을 주님 안에서 시작해보자.

비전

종신지우(終身之憂)라는 고사성어가 있다. 이 말은 「맹자(孟子)」에 나오는 한 구절 이루편(離婁篇)에 나오는 의미 있는 말이다. 즉 군자는 하루아침에 생겼다가 없어지고 하는 자질구레한 일에 신경을 쓰지 않는다는 말이다. 다시 말해 자질구레한 하나의 걱정거리 즉 일조지환(一朝之患)을 가지고 있지 않고 평생 대의와 명분을 위해서 염려하고 걱정하는 큰 근심거리를 가진다는 것이다. 바로 이것을 종신지우라고 한다.

이는 마치 군자는 대로행(君子大路行)이라 하는 것과 같다. 즉 군자는 작은 일에 얽매이는 것이 아니라 크고 굵직한 일에 마음을 씀으로 일조지환을 버린다는 것이다. 일조지환을 가지고 염려하고 걱정하며 종일토록 그 일에 신경을 쓰는 자를 가리켜 소인배라고 한다.

사람은 모름지기 종신지우의 큰 뜻을 품고 살아가야 한다. 즉 인생의 최대목표를 자신의 성공과 부귀영화로 삼는 것이 아니라 국가와 이웃, 그리고 민족을 위해 한평생을 보내는 것을 말한다. 이를 위해 인간은 교육을 받으며 규범을 배우고 나아가 바른 철학을 습득하는 것이다. 군자의 마음이란 종신지우, 즉 일생에 걸쳐 이루어내는 거대한 작업이므로 대기만성의 마음을 가지고 일조지환을 버리고 살아가야 한다. 바로 이것이 사람이 가질 수 있는 웅대한 비전이요 꿈인 것이다.

박경리라는 소설가는 「토지」라는 작품을 완성하기 위해 25년간이라는 긴 시간을 종신지우했다고 한다. 이 작품을 완성해야 한다는 웅대한 비전이 있었기 때문에 작은 일조지환을 이겨낼 수가 있었다고 한다. 이 작품을 통해 인간의 참다운 모습을 발견하게 하여 인간의 가야 할 참다운 길을 보여주고자 함이 이 작가의 비전인 것이다.

성경을 받아 쓴 저자 가운데 특히 바울 역시 종신지우 의 삶을 살았던 사람이었다. 그러므로 성경은 그를 가리켜 사도(Apostle)라고 지칭한다. 바울이 쓴 13권의 성경을 보면 수많은 도시와 시골이 있는 여러 지방을 돌아다니면서 성경을 기록하고 있다. 그런데 그 내용에는 여행한 나라의 경치나 문화를 소개하지 않고 오직 하나님의 말씀과 인간이 행해야 할 중요한 것들만 적고 있다. 바로 자질구레한 것은 버리고 오직 예수 그리스도를 통해 어떻게 하면 인간이 구원에 이를 것인가를 고민하고 있음을 볼 수 있는 것이다.

예수님도 육신의 양식에 여념이 없는 불쌍한 인간들에게 "먼저 하나님의 나라와 의를 구하라 그리하면 모든 것 위에 더하시리라."라고 말씀하심으로, 우리에게 종신지우의 삶을 살아갈 것을 명하시고 있다. 이젠 우리의 진로는 자명해진다. 크고 웅대한 꿈과 뜻을 세우고 살아가는 군자의 모습을 가져보자. 종신지우의 마음으로 아옹다옹하지 말고 큰 비전을 품자.

성공 인자

성공은 모든 인간이 바라는 명사이다. 사람들은 성공을 위해 피나는 노력을 하며 최선의 삶을 살고자 한다. 이 땅에 한 번 태어나서 성공적인 삶을 사는 것은 자신의 인생뿐만 아니라 역사에도 남는 위대한 일이기 때문이다. 오늘도 내일의 성공적인 인생을 위해 열심히 뛰며 살아간다. 그러나 인생의 삶은 우리에게 쉽게 성공이라는 영광의 자리를 내어주지 않는다. 성공의 자리가 금방 가까이 온 것 같으면서도 저만치 멀리 떨어져 있다.

자꾸만 실패와 좌절이 우리를 엄습하는 경우가 허다한 것이 바로 인생이다. 되풀이되는 실패와 좌절이 성공의 길을 가로막는다. 그러나 이 실패와 좌절이 바로 성공의 인자이며 성공의 지름길이라는 것을 잊고 사는 것이 또한 인생이다. 실패할 때마다 이런 마음을 각인하며 다짐할 때 성공의 길은 조금씩 보이게 된다.

발명왕 에디슨은 축전기를 만들기 위해 무려 2만 번이나 실험을 거쳤다고 한다. 그러던 어느 날 한 사람이 방문하여 위로를 전했다. "2만 번이나 실험에 실패하셨으니 얼마나 상심이 크십니까" 하고 위로하자 에디슨은 정색하며 대답했다고 한다. "2만 번의 실패가 자신에게 더욱 용기와 성공의 지름길이 되게 합니다. 실험은 실패가 아닙니다. 2만 번의 실패가 2만 개의 실패 노하우를 가져다 준 것입니다." 라고 하며 오히려 위로자에게 격려의 말을 하였다는 것이다.

에디슨은 낙관론자이며 오히려 위기와 실패를 기회와 성공의 인자로 삼았다. 그는 어떤 실험에서는 화재가 발생하여 모든 실험도구가 불타버린 적도 있었다. 그러자 그는 까맣게 타버린 실험도구들을 보면서 오히려 "내가 범한 실수들이 다 타 버렸구나! 이게 얼마나 감사한가, 이제는 다시 새롭게 시작할 수 있으니" 하면서 감사의 말을 했다고 한다. 에디슨의 성공은 바로 여기에 있다. 실패를 두려워하지 않고 오히려 성공의 인자로 삼으며 도약의 기회로 삼은 것이다.

현대인들은 많은 실패와 좌절을 겪으며 살아간다. 특히 한국에서는 다양한 경제 위기를 맞이할 때마다 많은 사람들이 좌절하고 실패했다. 그리고 가정이 파괴되고 노숙자가 양산되는 아픔을 가지고 있다. 참으로 안타까운 일이다.

그러나 성공은 쉽게 우리의 곁으로 다가오지 않는다는 것을 기억해야 한다. 성공은 반드시 많은 좌절과 시련을 가져다 준 다음에 영광스럽게 온다. 실패와 위기는 바로 성공을 위한 재료이며 성공의 인자이다. 우리가 이 실패와 위기를 성공 발판으로 받아들일 때 반드시 성공은 우리의 곁으로 다가오게 될 것이다. 그러므로 마음을 긍정적으로 정립하고 항상 실패를 두려워하지 말자.

순종

순종은 생명과 축복을 가져다주는 신앙의 덕이다. 이 순종은 인간의 마음을 성숙하게 하며 올바른 삶을 영위하게 하는 것이다. 순종은 인간에게 있어서 특히 신앙인에게 있어 중요한 용기이며 실천사항이다. 순종이 신앙의 미덕이라는 것은 맹목적인 복종이 아니라 자발적인 자아의 동의를 통해 나타난 실천행위이다.

순종은 두려움 속에서 행하는 억압적인 행동이 아니라 사랑과 존경하는 마음으로 이행하는 진심이 바탕이 되는 행동이다. 거기에는 정직함과 겸손함의 모든 속성들을 다 포함되어 있으므로 생명의 원천이며 나아가 축복이 되는 것이다.

불순종은 반대로 실패와 파산의 원인이다. 부모님과 선생님, 그리고 상관 또는 신성한 신에게 불순종한다는 것은 자아의 중심에 또 다른 존재성을 가지고 있다는 증거이다. 즉 객관적인 진리나 요구를 거절하는 주관적인 행위이다. 그러므로 불순종은 항상 반대라는 관념이 들어있는 사악한 속성이며 동의의 견해를 거부하는 성질이다.

참다운 진리나 정의로운 것이 아닌 것에 불순종한다는 것은 아름다운 것이며 또한 의로운 행위이다. 그러나 반대로 진리나 객관적인 어떤 요구에 불순종하는 것은 바로 모든 보편적인 것에 반대한다는 명백한 거부행위이다. 이러한 측면에서 불순종은 실패하는 삶이며 죽음으로 치닫는 악덕이다. 인류 최초의 불순종이었던 선악과 사건은 결과적으로 인류의 영원한 죽음과 고통, 질병을 이 땅에 가져오게 됐다. 이런 불순종은 교만한 마음으로 인해 생기는 것이라고 볼 수 있다.

반면 순종의 결과는 항상 행복을 가져온다. 아프리카에서 한 선교사가 심방을 가서 집으로 돌아오던 중이었다. 집에 거의 다 이르렀을 때 선교사는 집 대문에서 놀고 있는 아들에게 다급하게 "머리 숙여! 엎드려! 빨리 기어 나와!"라고 큰소리로 외쳤다. 영문을 모르던 아들은 아빠의 다급한 소리와 명령에 그대로 순종하였다. 그 소년은 기어 나와서 뒤를 돌아보니 커다란 비단뱀이 자신의 머리를 그만 삼키려고 하던 참이었던 것을 알게 되었다. 아빠가 설명할 시간이 없이 그만 외쳤던 그 명령들이 자신을 죽음에서 살리게 했다는 것을 깨닫게 되었다.

그렇다. 순종은 사람을 살리게 하는 덕이다. 나아가 축복을 가져오게 하는 지름길이다. 신앙에 있어서 하나님의 말씀에 순종한다는 것은 생명과 축복에 동의한다는 고백이다. 만물의 싹이 나오는 생명과 아름다운 계절이다. 생명과 생동감이 넘치는 시간에 순종의 단어를 음미함으로 이 생명의 계절에 동참하는 아름다운 마음들을 정립해 보자.

비움

　사람이 마음을 비운다는 것은 쉬운 일이 아니다. 특히 높은 지위를 오르려는 마음을 버린다는 것은 어렵다. 그리고 금은보화를 포기하고 버리려는 마음은 더더욱 쉬운 일이 아니다. 사람이 마음을 비운다는 것은 자기의 욕심과 아집을 버리는 것이다. 욕심을 버린다는 것은 자신을 살리는 것이다. 성경에 욕심이 잉태한즉 죄를 낳고 죄가 장성한즉 사망을 낳는다고 했다. 욕심 때문에 사람들은 시기와 질투, 그리고 싸움 심지어는 죽음까지도 서슴지 않는다. 그 욕심을 놓아 버릴 때에 비로소 참다운 인생을 아는 자이다.

　고대 중국 요(堯)나라 임금에게 '단주'라는 왕자가 있었다. 임금은 자신의 아들이 왕이 되는 것이 부족함을 알고 있었다. 그래서 왕은 자신의 아들보다 더 나은 신하를 왕으로 세우고자 하여 기산 땅에 살고 있는 "소부"라는 사람을 찾아갔다. 왕은 소부에게 "그대가 나의 대를 이어 황제로 등극해줄 것"을 정중하게 요구했다. 그러나 소부는 청빈낙도(淸貧樂道)를 주장한 사람인지라 일언지하에 거부했다.

그는 이러한 행동을 한 것을 다음과 같이 말했다. "나는 송아지를 먹이는 일을 하는 사람이다. 송아지를 다스리는 사람이나 사람과 나라를 다스리는 일은 매사 똑같은 일이다. 그런데 그 복잡한 왕의 일을 한다는 것은 골치 아픈 일이다." 그래서 나는 송아지 먹이는 일을 하겠다고 말한 것이다.

이러한 인품을 가진 소부의 말에 더욱 황제는 왕이 되어줄 것을 요구했다. 그러자 소부는 왕이 보는 앞에서 흐르는 물에 귀를 씻고 듣지 않은 것으로 생각한다고 하면서 그 자리를 떠났다고 한다.

소부에 대한 미련을 버리지 못한 요임금은 그의 친구인 '허유' 보내어 다시 허락 해주기를 요구했다. 그러자 소부는 왕 앞에서 씻었던 개울이 하류인 것을 보고서 더러운 물이 흐르는 곳이라고 하여 더 높은 상류로 가서 자신의 귀를 씻고 나아가 소에게 물을 먹였다고 한다. 참으로 담대함과 지조가 있는 행동이며 음미해볼 일이다. 그리고 청량감을 느끼게 한다. 마음과 머리가 후련한 일이다.

그렇다. 요즘 사람들의 세태를 보면 안타까운 일이다. 자신의 실력과 위치보다는 관직과 외형에 많은 비중을 두는 정치인들을 보면 비애를 금할 수 없다. 자신의 내적인 인격과 실력보다는 외형적인 포장을 하고 지위와 자리에 집착하는 사람들에게 교훈이 되는 일이다.

사람들은 내적인 마음을 비우는 일보다는 외적인 허울로 자신을 포장하려는 경향이 많다. 그래서 그 내적인 공허함을 채우려고 큰 자동차를 타고 다니며 큰 집을 얻으려는 것이다. 다시 말해 자신의 텅 비어 있는 인격을 물질로 채우려는 것이다.

소부와 같은 마음을 가진 자를 요구하는 시대정신이 절실하다. 참된 인격과 마음을 비우는 용기 있는 자들이 필요한 시대이다. 자신을 돌아보며 생각할 수 있는 아름다운 마음들이 되었으면 한다.

지도자

　지도자는 공동체에서 바르고 옳다고 믿는 어떤 목적이나 방향을 이끌어주는 자를 말한다. 갈 바를 알지 못하는 우매한 사람들에게 진정한 길을 안내해주는 나침반이다. 그런데 다른 의미에서 지도자는 한 집단의 막연한 대표자이거나 또는 구별된 문화의 영역에서 권위자를 말하는 것이 아니다. 진정한 지도자는 한 집단의 구성원에게 바른 의식이나 행동을 하게끔 방향을 제시하여 통일을 유지해주는 구심점을 말한다.

　나아가 자신의 이익과 이해에 맞게끔 사람을 지배하는 자가 아니라 전 구성원과 함께하는 동반자 의식을 가진다. 그래서 참 지도자는 권위주의 대신 덕과 아량을 가진 자이다. 바로 이것이 지도자의 덕목이다.

　역사적으로 참 지도자는 아량과 덕으로 자신을 다듬어왔다. 19세기 미국에서 남북 전쟁이 한참일 때 혁혁한 전승을 이룬 맥클란(George Brinton McClellan)이라는 장군이 있었다. 장군은 야전에서 며칠 간의 전쟁으로 몹시 피곤한 상태에 있었다. 다음의 전쟁을 위해 맥클란은 야전 텐트에서 휴식을 위해 잠을 자고 있었다. 그는 부하에게 어떠한 일이 있어도 잠을 깨우지 말 것을 명령했다.

마침 전쟁을 승리로 이끈 맥클란 장군을 격려하고자 링컨 대통령은 자신을 수행한 국방장관과 전쟁터에 왔다. 장군의 텐트에 도착했으나 부하는 맥클란 장군의 명령을 받았는지라 그만 두 시간을 기다려야 한다고 했다. 이에 국방장관이 진노하였다. '대통령이 왔는데 무례한 짓이 어디 있는가? 당장 깨우라' 라고 부관에게 호통을 쳤다.

그러나 링컨은 고개를 저으며 장관에게 오히려 조용히 하라고 명령했다. "지금 장군이 내일의 전투를 승리로 하기 위해 필요한 것은 충분한 잠이다. 아무도 그가 쉴 권리를 빼앗을 수 없다. 그가 일어날 때까지 기다리자." 나아가 링컨은 "자기에게 충실한 자는 진정 이 나라를 지킬 수 있는 인격을 가진 자이다."라고 하며 워싱턴으로 되돌아갔다.

훗날 멕클란은 이러한 링컨의 행동을 부하에게 듣고서 감격했다고 한다. 나아가 충성을 자신의 마음속 깊은 곳에 맹세했다. 이러한 결과는 북군에게 아주 유리한 전선으로 돌아오게 되고 후에 북군이 승리하게 하는 원동력이 되었다.

지도자에게 진정으로 필요한 것은 권위주의적인 명령이 아니다. 덕과 아량을 가지는 것이 중요하다. 지도자들은 자신을 지배자로 착각하며 살아가는 사람이 많이 있다. 진정한 지도자는 사랑과 자비심을 가진다. 이러한 덕목은 부하를 강인하게 하며 자신감을 심어주는 것이다. 나아가 집단을 통일된 방향으로 진행시키는 원동력이다.

세계의 평화는 무력으로 이루어지는 것이 아니다. 무력은 단지 전쟁과 혼란을 멈추게 하는 일시적인 무기이다. 평화는 항상 관용과 자비에서 출발한다. 인생에 있어서 가장 완전한 지도자는 예수님이다. 그분의 덕목과 자질은 팍스(Pax)가 아니라 살롬(salom)이다. 진정한 평화를 원한다면 섬김과 아량을 가질 때이다. 자신을 돌아보자.

동감(同感)

같은 마음을 갖는다는 것은 자비의 시작이다. 그리고 자기의 마음을 상대방에게 맞춘다는 것은 사랑의 마음이다. 사랑의 마음은 성숙한 마음이며 인격이 완성된 속성이다. 심리학에서 상대방의 감정과 마음을 이해하고 받아들이는 것을 감정이입이라고 한다. 즉 자신의 마음을 상대방의 마음과 동질성을 갖게 하는 것이다. 이를 동감이라고 한다. 동감은 인류에게 있어서 화평을 가져오게 하는 동력이며 서로의 공존이 약속되는 요소이다.

옛날 페르시아에 한 왕이 있었다. 항상 백성들을 평안하고 행복하게 해주고 싶은 마음을 가진 왕이었다. 그래서 역사에 성군이라는 말을 듣고 싶어 항상 노력하는 왕이었다. 그러나 왕은 실행과 실천에 앞서 항상 이상과 이론으로만 앞서는 왕이었다. 그래서 신하들이 올리는 많은 상소를 읽고 법과 규율에 맞추어 문제를 해결하는 왕이었다. 이론적이고 서류적인 업무로만 해결하곤 했다. 많은 업무를 취급함으로 왕은 안질을 앓게 되었다. 좋은 약은 다 바르고 또한 민간요법을 행해 보았으나 백약이 무효였다. 계속되는 업무와 피로로 인하여 눈은 계속 아프기만 했다.

그러던 어느 날 한 소탈한 의사가 왕을 찾아와 왕의 눈병을 고쳐주겠다고 했다. 왕은 의사의 말을 듣고 그가 말한 대로 하겠다고 했다. 의사는 왕을 모시고 궁궐 밖으로 데리고 나갔다. 그리고 백성이 사는 가난한 마을로 데리고 들어갔다. 거리를 지나간 왕은 자신이 서류로만 보고를 받았던 것과는 다르게 비참한 백성들의 모습을 보고서 깜짝 놀랐다.

자신의 신하로부터 보고를 받았던 내용과는 전혀 다르게 살아가는 백성들을 보고서 왕의 눈은 더욱 아팠고 심경이 동요되었다. 그때 어느 골목을 지나가는데 구슬픈 울음소리가 들려왔다. 울음소리를 따라 가보니 다 쓰러져 가는 초가집 안에 행색이 초라한 사람이 죽어있었다. 그리고 그 시체 앞에 세 자녀가 통곡하면서 슬프게 울고 있는 것이었다. 너무도 슬픈 울음소리에 왕도 그만 눈물이 터져 나와 통곡을 하게 되었다. 그리고 슬프고 가슴 아픈 백성들이 많이 있다는 것을 보고서 현실과 다른 것에 더욱 슬퍼했다.

얼마 후 왕은 자신을 진정한 후에 궁으로 돌아왔다. 그런데 궁궐로 돌아오면서 내내 자신의 눈이 아프지 않음을 느끼고 있었다. 그토록 아프던 통증도 사라지고 눈이 편안함을 느꼈다. 많은 눈물을 처음 흘렸던 왕의 눈이 그만 낫게 된 것이다. 비참한 백성의 모습에 동질감을 느끼게 되자 왕의 눈이 치료된 것이다.

우리시대에는 눈물이 메마른 사람이 많다. 교회나 국가, 가정이 눈물이 메마를 때 안질이 걸린다. '너'라는 상대방을 관찰하는 동질감을 가지지 못할 때 세상은 슬퍼진다. 그러나 자신을 상대방에게 맞출 때 사랑과 평화가 온다. 자신보다는 이웃을 바라보는 동감을 갖는 지혜를 가져보자.

불편부당

불편부당(不偏不黨)이라는 말은 어느 한쪽으로 치우치지 않고 중립을 지키며 공평함(impartiality)을 말한다. 즉 공평하여 사사로운 점이 없는 원칙인 공평무사(公平無私)와 같은 의미이다. 작은 일에 있어서나 또는 더 중요한 일에 있어서 원칙을 고수한다는 고사성어이다.

불편부당한 족적을 남겼던 예를 찾아보자. 중국 전국시대의 진(秦)나라에서 기해(祁奚)라는 나이 많은 총리가 있었다. 그가 나이 많아 수상 자리를 물러나자 진나라 왕인 도공(島蚣)이 그 수상의 자리를 천거하라고 했다. 그러자 기해는 평소에 자신을 모함하고 괴롭혔던 정적 '해호'를 추천했다. 그러자 왕은 "기해에게 해호는 자신과 원수가 아닌가? 그런 사람을 추천하는가" 하며 놀라면서 물었다.

그러자 기해는 "왕께서 신에게 물으신 것은 수상의 재목을 말씀하신 것이지 신의 원수가 누구냐고 물으시는 것이 아닙니다."

그래서 "신은 왕께서 물으신 합당한 자를 추천한 것뿐입니다." 라고 말했다. 그러자 왕은 내심 기뻐하면서 "그러면 '해호' 다음에는 누가 적임자라고 생각하는가?"라고 묻자 '기해'는 서슴없이 해호의 아들인 '오'(吳)를 천거했다.

왕은 또다시 놀랐다. 그들이 '오'와 '해호'는 당대에 최고의 수상감으로서 적임자였으며 그들이 수상이 되었으면 하는 바람을 가지고 있었다. 그러나 현 수상인 기해가 자신의 정적(政敵)이었던 사람을 불편부당하게 천거하는 것에 경의를 표하는 것이었다. 왕은 그 이후에도 국사의 중요한 일에는 반드시 '기해'의 조언을 듣고서 결행했다고 한다.

참으로 의미 있는 일이다. 세상사뿐만 아니라 공(公)과 사(私)의 모든 일에 있어서 성공의 열쇠는 바로 '인사'에 있다. 공평 공정 무사의 원칙이 작용할 때 그 사회는 밝아지고 전진하는 결과를 가져온다. 그러나 반대로 불편부당하지 않고 한쪽으로만 치우친다면 그 사회는 퇴보하고 발전이 사라지고 만다.

21세기의 '기해'는 바로 대한민국의 축구를 월드컵 4강까지 올려놓았던 거스 히딩크라 말할 수 있다. 그는 자신이 가지고 있는 합리적인 원칙을 고수하는 축구 감독이었다. 그가 고수했던 공평무사함이 고질적이고 퇴보만을 가져왔던 한국의 축구를 신화적인 일로 만들어 놓고 말았다.

이 현실은 바로 공평무사하고 한편으로 치우치지 않는 인사의 철학을 가지고 있었기 때문에 나타났다. 한 공동체, 또는 회사, 나아가 국가의 발전을 위해서는 뇌물청탁, 학연 지연 같은 연고에서 벗어나 실력과 원칙을 주장하는 불편부당한 공정성을 이행하여야 한다. 이렇게 할 때 그 결과는 아름다운 것이며 새로운 전진을 이루는 원동력이다.

충임지사(忠任之事)

충임지사는 맡은 일에 최선을 다하는 것을 말한다. 작은 일이든지 큰일이든지 간에 주어진 일에 성실함으로 완수하는 것을 말한다. 온전한 매듭을 지을 때 아무런 탈이 없이 아름다움을 유지하며 평화를 가져올 수 있다. 책임은 사람의 인륜이며 도리이다. 또한 정신문화를 창달하는 위대성이다. 사람이 사람되는 것은 바로 자신에게 주어진 책임을 완수할 때이다. 즉 가정에서 부모의 역할을, 학교에서 교사의 역할을 또는 사회 각층의 맡은 자가 주어진 일에 책임을 다할 때이다. 지도자는 지도자로서, 맡은 자는 맡은 자로서 그 책임을 이행할 때 자신뿐만 아니라 사회는 발전하는 것이다.

책임을 완수하지 못하는 사람이나 기관 또는 단체가 있을 때 그 사회는 무질서와 불평과 전쟁이 일어난다. 최근에 국가의 공적자금을 가져간 회사가 그 자금을 탕진하여 국고의 손실이 지대하다고 한다. 그 자금을 뇌물로 가져간 회사나 뇌물을 받은 공무원들에 대한 책임론이 만발하다. 그러나 그 누구가 책임을 지겠다고 한 사람이 나타나지 않는다. 오히려 자신들은 피해자라고 하며 책임론에서 탈피하려고 한다.

국가의 백년대계라고 하는 교육정책이 새로운 정부에 들어와서 모 교육부 장관이 제시한 정책들이 백지화되거나 다른 방향으로 진행되어 교육현장이 엉망이 되었다고 한다. 그 충격이 지금도 계속되어 교권이 무너지고 학생의 지도가 곤란하다고 한다. 좋은 정책 또는 새로운 정책은 항상 전진을 향한 좋은 방안이다. 그러나 문제가 생겼을 때 그 결과에 대해 책임을 지는 사람이 없다는 것이다. 참으로 안타까운 일이다.

책임을 회피하는 유형이 다양하다고 한다. 이러한 사람은 짐승으로 비유하기도 한다. 주어진 책임을 회피하는 짐승의 유형을 살펴봄으로 인간의 참모습을 발견하는 지혜가 있다. 먼저 '쥐형'이 있다고 한다. 이러한 자는 문제가 생기면 어디론가 꼭꼭 숨어버림으로 책임을 다른 사람에게 떠맡기려는 사람이다. 책임을 지기보다는 숨어버림으로써 체념하는 것이다.

두 번째는 '토끼형'이라고 한다. 이들은 어떤 문제가 생기면 겁부터 먹는 공포형이라고 한다. 문제가 발생하면 파악도 하기 전에 떨고 위축되며 나아가 자살까지도 하는 형이다. 나아가 소문만 내고서 각종 의구심만 남겨놓고 마는 형이다.

세 번째는 '원숭이형'이라고 한다. 이는 안절부절형이라고 한다. 즉 원숭이처럼 이리 뛰고 저리 뛰고 하면서 소란을 피우다가 마는 형이다. 이러한 사람들은 문제가 발생하면 책임을 지겠다고 호언하면서 소리만 급급하면서 뒤에 가서는 슬며시 꼬리를 내리는 형이다.

마지막으로 '멧돼지형'이다. 즉 불도저형이라고 하며 문제가 발생하면 아무런 말도 없이 묵묵하게 책임을 지는 형을 말한다. 즉 소신이 뚜렷하고 우직하게 책임을 지는 사람이다. 다시 말해 모든 문제를 자신이 다 맡아서 해결하려고 하는 사람이다. 우리나라와 같은 사회에서는 이러한 멧돼지 형이 요구된다. 즉 충임지사이다. 나 자신은 어떠한 형인가를 살펴보는 시간들이 되자.

인내

인내(忍耐)를 한문의 어휘로 보면 마음 위에 칼을 올려놓고 있는 것을 말한다. 즉 칼로 마음을 벨 때 그 아픔을 참아낸다는 것이다. 말이야 쉬운 말이지 날렵한 면도칼로 손을 살짝 베임을 당해본 사람은 그 아픔을 알고도 남는다. 바로 인내는 이러한 아픔과 고통을 감수하는 것처럼 묵묵히 참아내는 자세를 말한다.

인생은 인간에게 인내를 요구할 때가 가끔은 있다. 그러한 요구는 사람을 사람되게 하며 사람을 성숙하게 하려는 동기에서다. 한국의 젊은이는 가장 중요한 시기에 군대라는 혹독한 훈련을 통해 그 젊음을 담금질을 당한다. 젊은 시절에 이러한 담금질을 당한 젊은이는 결코 세상에서 뒤지지 않으며 실패하지 않음을 볼 수 있다. 그 이유는 군이라는 사회 속에서 혹독하고 어려운 인내를 배워오기 때문이다. 인내는 인생에 있어서 결단코 해롭지 않은 것이다.

인생을 살아감에 있어서만 아니라 신앙생활을 하는 성도에게도 인내는 절대적으로 필요한 인생의 영양소이다. 인내는 성숙하고 아름다운 사람으로 그리고 거룩하게 변하게 하는 것이다. 인내는 아름답고 화려한 천국의 백성으로서 완전한 자질을 갖추게 하는 성스러운 보약이다. 초대교인들은 온전한 인격과 성숙해지고자 자신을 희생하면서 인내로 주님을 끝까지 믿고 따르는 신앙을 지켰다.

초대교회 시절, 소아시아에서 로마 병사가 그리스도인 10여 명을 잡아서 얼음 구덩이를 파게 하였다. 그리고 그 구덩이에 그들의 옷을 벗긴 다음 얼음 구덩이로 들어가게 하였다. 오랫동안 구덩이에 잡아두고서 "누구든지 예수를 안 믿겠다고 손을 들고나오면 얼음 구덩이에서 꺼내주고 나아가 살려줄 것이다"라고 설득을 했다.

그러나 거기에 있는 성도들은 차라리 죽을지언정 신앙을 포기하지 않겠다고 하면서 끝까지 버텼다. 추위와 얼음은 성도들의 살을 꽁꽁 얼게 하였고 드디어는 그 살결이 까맣게 찢어지면서 피가 터져 나오는 아픔이 계속되었다. 성도들은 점점 의식들이 흐려지면서 죽음으로 치닫고 있었다. 이 엄청난 고통을 견디지 못한 한 청년이 손을 들고서 "나는 더 견디지 못하겠으며 예수를 포기하겠다'" 그리고 "나는 살고 싶다"라고 대답을 하면서 나오는 것이었다.

그때 성도들을 감시하던 로마 병사의 눈에 이상한 광경이 목격되었다. 그 광경은 다름이 아니라 하늘에서 열 명의 천사들이 각각 면류관을 들고 내려오다가 그중의 한 천사가 갑자기 눈물을 흘리면서 다시금 하늘로 올라가는 것이었다. 이것을 보던 병사는 큰소리로 "이 청년 대신에 제가 예수를 믿겠습니다."라고 하며 얼음 구덩이에 들어갔다.

로마 병사는 면류관을 쓰고 천국에 올라가고자 하는 소망이 강하게 든 것이다. 이런 점에서 인내는 신앙을 측정하는 시험대인 것이다. 힘들고 어렵지만 참고 괴로움을 이겨 낼 때 인격이 완성되며 승리하는 비결인 것이다. 인내를 통해 온전한 사람이 되도록 노력하자.

조화와 신앙

　조화(調和)는 아름다운 것이다. 조화는 질서를 유지하며 기쁨을 가져다준다. 나아가 생명을 주는 원천이다. 그리고 조화는 풍요로운 삶을 보장한다. 조화로운 삶과 신앙을 유지하는 자는 항상 활력이 넘치며 샘 솟듯 건강한 삶을 유지한다.

　아프리카 남단 지역은 풍요로운 바다를 가지고 있으므로 많은 생명을 유지하며 번영케 한다. 바다에 해초가 많고 수시로 고래가 나타나는 것은 먹이가 많이 있다는 증거이다. 그 남단의 바다는 동으로는 인도양을 가지고 있으면서도 서쪽으로는 대서양을 가지고 있다. 인도양은 따뜻한 물을 흘러 보내며 대서양은 차거운 물을 흘러 보낸다. 바로 대서양과 인도양의 물들이 교차하는 곳이 이곳이다.

　한류와 온류의 만남은 많은 생명을 생겨나게 하는 조건들이 즐비하다. 이러한 해류의 영향으로 해초가 풍성하며 고기가 많이 몰려온다. 바로 고기가 생존하며 살아갈 수 있는 천혜의 환경을 이 바다가 가지고 있어 많은 생명이 몰려온다는 것이다. 뜨거운 물과 찬물은 서로가 자신의 성분들을 토해냄으로써 적정한 온도의 물을 유지케 하는 조절의 기능을 하게 된다. 이것이 바로 조화이다.

이러한 조화를 만들어낼 때 생명이 탄생하며 풍요로움과 즐거움이 생성된다. 물이 적절하게 조화를 이룰 때 자연의 생명이 번영하듯이 인간도 적절한 조화를 가질 때 풍요로움이 보장된다. 육체와 정신의 적절한 조화는 건강한 삶을 유지하며 지성과 감성이 병존하면 온전한 인격체를 만드는 것이다. 찬양과 말씀을 적당하게 조화를 갖추면 완전한 신앙을 유지하게 된다.

교부였던 오리겐(Origen)도 온전한 신앙의 조건을 다음과 같이 역설했다. "하나님은 지성과 영성, 그리고 사랑이 조화롭게 갖추어져 있는 분이시다. 이처럼 우리의 신앙도 하나님과의 공유적 속성인 지성과 영성의 조화를 가질 때 온전한 신앙이 성립되는 것이다."라고 말했다. 인간은 하나님의 형상을 닮았기 때문에 하나님의 조화로우시고 완전하신 인격을 닮아갈 수 있는 것이다.

힘들고 어려운 환경을 올 때 적극적이고, 긍정적인 마음으로 삶의 조화를 이루어보자. 이럴 때 오히려 아름답고 풍성한 결과를 맺을 수 있는 것이다. 항상 우리의 삶과 신앙에 조화를 이루는 작업은 영원한 승리자이며 온전한 인격자이다. 주어진 모든 여건을 항상 긍정과 부정, 슬픔과 기쁨을 조화시키는 지혜가 절실하다. 무엇이든지 기쁨으로, 마음으로부터, 모든 신체에 이르기까지 항상 절제와 인내의 조화로운 모습으로 나갈 때 승리의 깃발이 펄럭일 것이다.

생명의 원천

나무가 싱싱하고 활력을 유지하려면 물이 있는 곳에 뿌리를 깊게 내려야 한다. 깊게 박힌 뿌리는 충분한 수분을 취함으로써 줄기와 잎사귀까지 풍성하게 만든다. 이 풍성함은 바로 생명의 열매인 것이다. 나무가 풍성한 열매를 맺고 생명을 유지하려면 생명의 원천인 물을 항상 공급받아야 한다. 이 물은 모든 생물에게 항상 필요로 하는 생명의 원천이다.

마찬가지로 동물과 사람이 생명을 얻으려면 충분한 휴식과 양식(물 포함)이 필요하다. 육이 생명을 유지하고 살아가려면 하루의 필요한 영양분을 취해야만 된다. 영양분을 충분하게 얻지 못한다면 활력이 없어지며 점차적으로 생명의 단축을 가져온다. 이 같은 생명의 원천들은 인간과 자연을 살찌우게 하며 번영으로의 전진을 가져오게 한다.

자연의 생명에 대한 원천은 바로 물이다. 물이 고갈되면 모든 자연의 생명체들이 성장을 멈추고 나아가 고사해간다. 사람에게도 동일하다. 그러나 사람에게 일차적이고 육체적인 생명은 물이지만 더 중요한 것이 있다. 그것은 바로 사랑이다. 사랑이 사람에게 있어서 생명의 절대적인 원천이다. 이 사랑이 없으면 살아있어도 죽은 것이나 다름없다.

사랑의 가장 소중함은 바로 용서함과 희생이다. 허버트는 '남을 용서할 줄 모르는 인간은 자기 자신이 건너가야 할 다리를 부수는 것이다. 그 이유는 어떤 인간도 신 앞에서 용서가 필요로 하기 때문이다. 이것이 사랑의 위대성이다. 여기서 아름다운 생명이 나온다.'라고 말했다. 자신뿐만 아니라 남을 용서하는 그 자체가 바로 사랑을 실천하는 것이며 생명을 잉태하는 것이다. 아기는 엄마에게 항상 잘못되고 실수한 행동들을 언제든지 용서함을 받는다. 그리고 엄마의 지극하고 꾸준한 희생과 관심으로 아기의 생명을 성장과 성숙으로 이어지게 한다.

이는 예수 그리스도가 죽음에 이르는 죄인들을 위해 용서함을 받기 위해 자신을 십자가의 제물로 드린 것과 같은 동질이다. 예수님의 거룩한 행위로 인하여 나와 너 그리고 모두가 영원한 생명을 얻은 것이다. 그 사랑을 입은 작은 예수들은 항상 자기와 남을 용서하는 아량을 베풀어야 한다. 이렇게 할 때 영원한 생명을 얻게 된다.

물과 사랑은 동질이다. 물은 모든 자연을 위해 자신의 몸을 희생한다. 그리고 낮은 자세로 항상 진행해간다. 실존하는 모든 생물에게 자신을 골고루 나누어 준다. 이같이 사랑도 자신을 낮추는 것이며 모든 사람에게 용서와 아량을 주는 동질을 소유한다.

이 사랑은 예수 그리스도이다. 자연을 살리는 물, 그리고 인간과 역사를 살리는 예수 그리스도 이는 영원히 폐할 수 없는 생명의 원천이다. 오늘도 우리는 이 사랑을 배우고 실천하기 위해 이 땅에 실존한다. 이 실존의 목적을 항상 소유하자.

약속

　약속(約束)은 어떤 사람이 장래에 다른 사람과, 또는 다른 사람에게 어떤 일을 할 것을 미리 정하여 두는 것을 말한다. 그리하여 정한 시간에 만남으로 주어진 의무를 이행하는 것이다. 약속은 어떤 내용을 정한 다음에 반드시 이행하는 행위를 말한다. 예를 들면 '나는 너와 반드시 결혼할 것이다.' 혹은 '나는 너의 하나님이 되며 너는 나의 백성이 되리라'라는 특정한 내용을 이행하는 것을 말한다.

　그러므로 약속이 내포하고 있는 의미는 반드시 의무를 지고 있는 책임 있는 행동이다. 이 약속을 지키는 것이 바로 신실한 자이며 성숙한 인격을 가진 자이다. 이처럼 약속은 신적인 속성을 가지고 있는 단어이며 책임의 행위인 것이다. 약속을 이행하면 사람에게 기쁨과 소망과 환희를 준다. 반면에 약속을 이행하지 못했을 때의 결과는 불이익과 더불어 커다란 신뢰를 잃어버리는 것이다. 이는 인생의 실패와 더불어 불행의 시발이 될수도 있다. 약속을 신실하게 이행하는 것이 중요한 이유이다.

미국의 남북 전쟁을 승리로 이끌고 흑인에게 소망과 자유를 주었던 위대한 링컨은 약속을 신실하게 이행하는 사람으로 역사에 기록되어 있다. 링컨이 무명의 정치인 시절에 있었던 한 실화를 보면 그가 얼마나 약속을 성실하게 이행했던 가를 알 수 있다. 어느 날 링컨은 흑인들이 사는 마을로 지나야 했다.

길가에서 슬프게 우는 한 흑인 소녀를 보았다. 슬픈 소녀의 이유는 부모님이 노예로 있다가 그만 죽었다는 것이다. 당장 생계가 막막한 소녀에게 큰 슬픔이 아닐 수 없다. 링컨은 그 소녀에게 취직의 기회를 주고자 다음 주 같은 시각에 만나기로 약속했다. 이 약속은 소녀에게 희망과 생명이었다. 이후 링컨은 바쁜 일과가 계속되었다. 그리고 자신이 정치적인 입지에 상당히 도움이 되며 출세에도 관계되는 저명인사와 약속을 하게 됐다. 그런데 그날이 바로 그 흑인 소녀와 만나기로 한 날과 같은 날, 같은 시각임을 곧 알게 된다. 이에 링컨은 처음에는 상당히 고민과 갈등이 왔다. 그러나 링컨은 많은 고민 끝에 순리대로 선약을 이행하기 위해 소녀를 만났고 일자리를 알선해 주었다.

약속 어김을 받는 저명인사는 대노(大怒) 했다. 그러나 얼마 후 링컨의 전후 사정을 알게 된 그 사람은 오히려 링컨의 이러한 행동에 감명했다. 그리고 약자를 위해 자신의 출세를 포기한 한 말단의 링컨을 참다운 지도자, 정치인으로 본 것이다. 지도자들은 더욱 신실한 말과 약속에 최선을 다해야 한다. 말을 함부로 바뀌는 작태는 버려야 한다. 신실한 약속은 생명과 소망이다.

자아도취

자아도취(自我陶醉)는 자신을 최고로 여기는 병이다. 이 병은 자신만이 가장 아름다운 자, 힘센 자, 최고인 자로 착각한다. 흔히 왕자 병, 공주병이라는 증세이다. 이들은 자신만의 유익과 행복을 위해 살며 세상 속에 있는 어려운 이웃과 고통을 알지 못한다. 그리고 자신이 없으면 이 세상이 무너지는 것으로 착각한다.

반면 지혜로운 자는 자신을 정확하게 안다. 자신의 위치 그리고 역량을 정확하게 인지하는 자이다. 나아가 전능자와 이웃인 타인의 고통과 행복을 자신의 것으로 생각한다. 지혜로운 자의 가치관은 이웃과 더불어 살려고 하는 열려있는 사고의 지성인이다. 더불어 마음이 항상 상대적으로 가난하고 섬세함을 가지고 산다.

옛날 페르시아에 자아도취에 빠져 정치를 하는 왕이 있었다. 왕은 아침에 눈을 뜨자마자 궁인이 세수를 시키고 나면 아름다운 옷과 화려한 왕관으로 장식하고 거울 앞에서 자신의 모습을 바라본다. 그리고 거울 앞에 비취인 자신의 모습을 보고 천상에서 내려온 황제로 착각하며 매일 새로운 옷으로 갈아입고 정사를 돌본다. 신하들은 이러한 왕의 행동에 자신의 목숨과 영달을 위해 감히 바르게 상소할 마음도 갖지 않는다. 왕의 이러한 행보가 계속되면 될수록 백성들은 피폐해지고 많은 세금으로 고통을 당하게 되었다.

하루는 용감하고 지혜로운 신하가 왕이 늘 보는 거울을 뜯어내고 창문을 만들었다. 잠에서 깨어난 왕이 화려한 옷을 입고 거울에 비친 자신의 아름다운 모습을 보려고 했다. 그러나 화려한 자신의 모습 대신 굶주림에 허덕이며 부역과 군역에 시달리는 백성들의 모습이 보였다. 젖을 달라며 보채는 어린아이의 울부짖음과 어머니의 흐느낌, 신이 없어서 맨발로 추위에 떨면서 구걸하는 낭인들, 세금을 내지 못해 마지못해 관가로 끌려가는 백성들의 원망 섞인 눈초리….

왕은 머리를 방망이로 맞은 듯 정신이 반짝 들었다. 자신의 화려한 모습대로 백성들이 평안하게 잘살고 있는 줄로만 착각한 자신이 부끄러웠다. 그때부터 왕은 자아도취에서 벗어나 소박한 옷으로 치장하고 백성을 위해 참다운 정치를 다짐하며 실천했다.

　지혜로운 자의 용감한 행동으로 나라는 위기에서 벗어났고 왕은 자아도취에서 벗어나 성군이 되었다. 지혜로운 자는 항상 자신의 목숨보다는 타인과 공동체를 위해 가치관을 갖는다. 참다운 보물은 화려한 금이나 옷이 아니라 남을 배려하고 자신의 주어진 사명과 위치에서 최선을 다할 때이다. 나의 위치와 사명은 지금 무엇인가? 생각하며 성실하게 실천하는 자가 지혜로운 자이다. 진정한 자신을 발견하는 시간을 갖자.

주관적 생각

　주관(subject)과 객관(object)은 서로가 상치되는 관념이며 개념이다. 전자는 남의 입장을 떠나 오직 자신의 입장에서만 생각하는 것이라면, 후자는 나를 떠나 제삼자의 입장에서 대상을 살피는 것을 말한다. 주관은 소아(小我)적인 측면에서 바라보는 것이라면 객관은 대아(大我)적인 입장에서 생각하는 것이다. 주관은 자신 혼자의 동의라면 객관은 다수의 견해가 반영된 것이라 할 수 있다. 그러므로 객관은 주관보다 훨씬 덜 위험하며 주관보다 안전하다는 것을 말할 수 있다.

　좀 더 차원이 있는 학문에서 주관적(主觀的)이라는 말은 "모든 사물과 대상을 자기중심으로 관찰하며 생각하는 사상체계"를 말한다. 반면 객관적이라 함은 모든 사람이 동의하는 절대다수의 견해가 반영된 것으로 모든 대상을 보편적으로 관찰하며 대하는 제2차적인 사고 형식이다.

　한 예로 코끼리라는 커다란 동물이 있다. 코끼리는 코끼리답게 생긴 것이 객관이다. 큰 상아를 가지고 몸집이 크고 긴 코를 가지고 있다. 이것이 객관적인 사고의 한 형식이다. 그러나 소경이 코끼리의 다리를 만져보고서 하는 첫말이 '커다란 기둥이다'라고 말한다. 바로 이것이 주관이며 제2의 사고 형식이 주관적이라 말할 수 있다.

객관은 주관보다 더 안전한 사상체계이며 삶의 모든 부분에 보편성을 가지고 해석되는 것이다. '태양이 빨갛다, 태양이 뜨겁다'라고 표현하는 것은 불변의 진리이며 모든 사람이 동의하는 보편적인 객관이다. 그러나 '태양이 파랗다, 태양이 차갑다'라고 표현한다면 다수가 인정할 수 없는 사고이며 주관이다. 주관은 항상 자신의 입장에서만 말하는 것이므로 위험한 사고(思考)가 뒤따른다.

이처럼 자신의 견해를 반영하는 신념을 자신의 생각인 주관이라 한다면 믿음은 하나님의 절대적인 뜻을 수용하는 것으로 보편성을 지닌다. 그래서 올바른 신앙의 믿음이 아닌, 신념이라는 주관적인 생각은 항상 위험하고 아슬한 사고(思考)의 결과를 가져온다.

한 예를 말하고자 한다. 종교 생활을 하나 신앙을 항상 주관적으로 생각하는 농부가 약초를 캐고자 산으로 가는 중이었다. 한참 약초를 정신없이 캐다가 깊은 산중으로 들어가고 만 것이다. 너무 깊게 들어간 것을 안 농부는 다시 나오려고 하는데 앞에 커다란 암곰 한 마리가 자신을 노려보는 것이다. 아! 이제는 죽었구나! 생각하고 그 농부는 신(神)께 저 암곰으로부터 살려 달라고 눈을 감고 기도했다.

한참 동안 기도를 마치고 난 다음에 눈을 살며시 떠보니 그 곰이 눈을 감고 말하고 있는 것이었다. 농부는 자신의 기도를 '신이 들어주셨구나' 주관적으로 생각하고 그 곰이 무어라고 말하는지 들어보고자 옆으로 갔다. 곰이 왈(曰) '오 천지를 주관하시는 사람의 신이시여! 오늘 맛있는 사람의 고기를 주어서 감사합니다' 라고 기도하는 것이었다. 농부는 그만 기절하고 말았다.

주관적 생각은 항상 위험을 내포하고 있다는 것이 암묵적으로 증명된 것이다. 우리는 믿음과 삶에 있어 항상 자신의 견해만을 고집하는 어리석은 주관적 신념보다는 객관적 사고를 생각하며 취해야 할 것이다.

소유권

소유라는 말은 어떤 물건을 자신의 것으로 가지는 것을 말한다. 즉 자동차나 책을 사람이 가지고 있는 것을 소유라고 하며 그것들을 소유물이라 말한다. 소유권은 사람이 가지는 물건이나 소유물에 대한 법적인 권리를 말한다. 대부분 사람들은 자신이 사는 집이나 자동차 또는 토지 사무실 등을 자신의 명의로 해둔다. 법적인 권리를 가지려는 것이다.

많은 소유물을 가지고 있다는 것은 그만큼 지위와 부를 상징하기도 한다. 현대인들은 항상 많은 것을 소유하고 얻고자 한다. 소유를 자신의 지위와 부를 나타내는 척도로 삼기 때문이다. 그러므로 자본주의 사회에서는 많은 것을 소유한다는 것을 그리 흠이 되지 않는다.

그런데 자신이 가지고 있던 소유물을 포기해야 하는 때가 있다. 소유권을 팔아넘기든지 또는 증여할 때가 그때이다. 가장 최종적으로 모든 소유권을 포기해야 할 때는 바로 죽음의 순간이다. 많은 재물과 부동산을 가지고 있더라도 신(神)께서 저세상으로 오라 할 때는 모든 소유를 주저함이 없이 놓고 가야 한다.

소위 법적으로는 자식에게 상속되거나 증여라는 명분으로 주고 가지만 자신에게는 사실상 모든 소유권이 소멸되는 것이다. 이는 마치 어린이들이 뜨거운 햇볕 아래서 친구들과 아랑곳없이 열심히 땅을 그어놓고 자기의 땅을 넓히던 "땅따먹기" 의 모습과도 같다. 어린이들은 그 땅이 자신의 땅인 마냥 열심히 땀을 뻘뻘 흘리면서 또는 싸움을 하면서 땅의 지경을 넓힌다. 그리고 조금이라도 더 땅을 차지하려고 땅에 매달리며 금을 긋고 싸우고 언쟁을 높인다. 그러다가 저녁밥 짓는 연기가 동네 굴뚝마다 피어오를 때면 어머니가 '저녁 먹어라'라는 목소리에 팽팽한 긴장으로 땅을 차지했던 모든 것을 미련 없이 팽개치고 집으로 달려가는 것과 같은 것이 인생의 마지막이며 죽음이다.

어린이들의 "땅따먹기"는 많은 인생에 있어서 축소판이다. 어렸을 때의 '땅따먹기의 인생 놀이'는 우리에게 중요한 교훈을 준다는 것을 잊어서는 안 된다. 인생은 많은 것을 얻고, 소유하고 취하고자 흘러가는 힘든 고해이며 팽팽한 긴장이며 싸움터이다.

물론 열심히 뛰고 싸우며 선하게 경쟁하는 인생은 아름답다. 그렇게 살아가는 것이 또한 인생이다. 그러나 인생은 반드시 자신의 생명에 대한 소유권을 반드시 내려놓아야 하는 유한적인 존재라는 것을 잊어서는 안 된다.

힘들고 어려운 인생을 살아가면서도 분명한 것은 영원한 소유권을 가질 수는 없다는 것이다. 공수래공수거(空手來空手去)라고 했다. 크리스천은 땅의 소유가 아닌 영적 소유(신앙)로 부요한 자가 되어야 한다.

실마리(Clue)

'실마리'라는 말은 실의 맨 처음이라는 뜻이다. 한 줄의 실이 길게 시작될 때 그 첫 번째 실을 실마리라고 한다. 시작된 실이 여러 가닥으로 엮여서 합쳐진 것을 실타래라고 한다. 실타래는 처음 시작된 실마리가 잘 정리되어 있어야 엉키지 않고 한 올 씩 잘 풀어질 수 있다. 실타래 속에 있는 실마리가 잘못되면 엉켜서 자칫하면 실타래를 송두리째 버릴 수도 있다. 엉켜진 실타래를 잘 풀어주려면 처음의 가닥인 실마리를 잘 찾으면 그 실타래는 잘 풀려나가게 된다. 잘 풀리는 실타래는 바르게 짜깁기가 되어 반듯한 천으로 만들어지고, 그리고 영광스럽고 아름다운 옷이 만들어지는 것이다.

실마리라는 말은 영어로 "Clue"라고 한다. 이 단어의 의미는 어떤 복잡한 사건을 해결할 때 쓰는 말이다. 어떤 복잡한 범죄의 사건을 해결하고자 할 때 사건의 '맨 첫머리 단서'라는 말로 사용된다. 즉 사건의 해결을 위해서 맨 처음의 발견된 현장부터 다시 검사와 관찰을 통해 사건을 풀어 가며 해결한다는 말이다.

실마리라는 말은 이러한 면에서 중요한 의미를 가지고 있다. 실마리는 옷을 만드는 데 있어서나 사건을 해결하는 데 있어 아주 중요한 역할을 하는 시작점이며 해결점이 된다.

인생도 실타래와 같은 것이다. 사람의 삶은 실타래처럼 복잡하게 얽혀져 이해관계로 엮여 있기 때문이다. 인생에서 가끔은 시작했던 일이 잘될 것 같았는데 갑자기 일이 꼬여 해결하기 어려운 일이 되는 경우가 많다. 그래서 그 문제를 해결하려고 백방으로 노력하나 점점 더 어려워진다. 그리고 자포자기하는 결과로 이어지는 인생도 있다. 많은 사람들은 어렵고 복잡한 일로 인하여 고통을 당하다가 중도에 그만두는 경우도 가끔은 있다. 그것은 바로 해결할 수 있는 실마리를 찾지 못했기 때문이다.

영국의 유명한 한 직물공장에서는 사훈 같은 불문율이 있다. 이 불문율은 회사의 벽, 곳곳에 다음과 같이 기록되어 있다. "실이 얽히면 자신이 풀려고 하지 말고 즉시로 공장장에게 달려가시오" "그렇게 하지 않는 자는 바로 퇴사 조치를 당합니다" 새로 들어온 직원이 일하다가 꼬인 실을 자신이 직접 풀려고 하면 자신의 기계뿐만 아니라 공장 전체의 기계가 작동을 멈추게 되기 때문이다. 그래서 실이 꼬이면 전문가인 공장장에게 알리면 바로 조치함으로 일을 계속할 수 있도록 한다는 것이다. 이치에 맞는 말이다.

여기서 실마리라는 단어를 통해 두 가지 교훈을 얻을 수 있다. 첫째는 인생에 있어 복잡하고 꼬이는 일이 발생하면 먼저 문제의 실마리가 무엇인지, 상황을 원점으로 돌이켜 생각하고 시작하는 것을 배워야 한다는 것이다.

둘째는 인생의 전문가이자 상황의 창조자이신 예수님께 의뢰하여 복잡한 사건을 해결 받으려는 의지를 가져야 한다는 것이다. 인생의 실패와 복잡함을 해결할 수 있는 두 가지 실마리를 기억하고 인생을 살아가자. 지혜의 중지를 모아보자.

희망

가 버린 시간을 매듭짓는 새로운 시작은 항상 새롭고 신성한 희망을 갖게 한다. 희망을 머금고 출발하는 것은 한 편의 드라마가 된다. 아름다운 드라마로 출발하기 위한 마음의 기도 또한 장중하다. 그래서 인생은 희망을 품고 사는 유일한 동물이며 전능자의 축복과 은총을 받는 존귀한 자가 된다.

희망(希望)은 미래에 이렇게 되었으면 하는 바람이다. 그리고 미래의 소원성취를 위해 준비하는 마음이다. 희망은 생명을 잉태시키며 유지케 하는 동력이다. 인생은 그 생명을 유지하기 위해 현재는 어려워도 내일은 이루어지겠지 하는 희망으로 사는 것이다. 인간은 그 희망을 이루기 위해 새롭게 일출(日出)하는 태양을 바라보며, 첫 시간에 예배를 드리기도 하며, 타종하며 마음을 다짐한다. 그래서 희망은 축복이며 생명과 생존의 근간이 된다. 그러나 희망이 없는 삶은 비관적이며 곧 죽음에 이르는 문이다. 희망은 생명을 창출하는 디딤돌이기 때문이다.

이영무 목사님의 칼럼에 나온 예화를 소개하여 이해를 돕고자 한다. 심리학자들이 두 마리의 쥐를 실험했다고 한다. 한 부류의 쥐는 독 안에 집어넣고 모든 빛을 차단한 다음 쥐의 동태를 살폈다. 컴컴한 독 안에 든 쥐는 즉각적인 반응을 보였다. 이리저리 성급하게 다니면서 한참이나 독을 발톱으로 긁다가 3분이 안 되어 죽었다.

다른 한 부류의 쥐는 독 안으로 계속 빛을 비추어 주었더니 차분한 행동과 함께 36시간이나 생존했다고 한다. 심리학자들의 결론은 3분 만에 죽은 쥐는 체력이 쇠하여 죽은 것이 아니라, 절망하고 자포자기하는 마음으로 죽었고 36시간이나 살았던 쥐는 빠져나간다는 희망을 가졌기 때문이라는 것이다.

2차 대전 때 처절한 고통과 죽음의 문턱에서 살아난 심리학자 빅터 프랑클(Viktor Emil Frankl)이 그의 저서 "의미를 찾는 인간의 탐색"에서 말하고 있는 것을 보면 다음과 같다. 나치 수용소의 혹독하게 살을 찢는 고문, 무서운 작업과 형벌 그리고 굶주림, 동물 같은 비인간적인 학대, 말할 수 없는 수치심 속에 생존할 수 있었던 것은 희망이라는 단어 덕분이었다.

희망은 생존의 근거이며 생명 그 자체이다. 희망의 푯대를 가지고 좀 더 최선을 다하고, 주어진 일에 성실하게 행할 때 희망이 성취되며 축복이며 생존과 생명을 보장한다.

비관적이고 부정적인 말은 강물에 던져버리자. 그런즉 누구든지 그리스도 안에 있으며 새로운 피조물이라 이전 것은 지나갔으니 보라 새것이 되었도다(고후 5:17). 인생의 희망이며 생명이신 예수 그리스도를 바라보자.

신기루

　신기루(蜃氣樓)는 과학적인 용어로 빛의 이상 굴절로 인하여 일어나는 가상적인 현상을 말한다. 즉 지면이나 해면 부근에 공기가 뜨거워지거나 냉각되어 공기밀도가 높이에 따라 변하게 되어 엉뚱한 곳에 가상적인 물상(物象)이 나타나는 것이다. 이는 사막의 지면이 뜨거워질 질 때 사막 저편에 오아시스가 있는 것처럼 보이는 현상이다. 이러한 현상을 공중누각이나 신루(蜃樓)라고 표현하기도 한다.

　가끔 사막을 건너는 사람들이 오랜 시간 여행을 하다 뜨거운 지면상승의 효과로 이성을 잃는 경우가 있다. 목이 너무 마르다 보니 차가운 물을 상상하다 멀리서 나타나는 신기루 현상에 착시되어, 그만 모래를 물로 착각하여 먹은 다음 죽은 경우도 허다하다고 한다. 신기루는 자연 이상에 의한 것을 사람의 착시와 착각으로 나타나는 가현적 현상이다. 이를 빗대어 인생도 가식적, 가현적 신기루에 빠질 때 위험에 처한다고 한다. 주어진 현실에 열심히 노력하지 않고 미래라는 내일에 막연한 희망을 걸고 사는 것이 인생의 신기루이다.

임한창 기자의 칼럼 중 단편 하나를 소개하고자 한다. 한 어부가 외아들과 함께 외롭게 고기잡이를 하며 살았다. 한 번은 고깃배를 타고 나간 아들이 폭풍우를 만나 배가 파선되고 말았다. 그 배에 타고 있던 어부 중에 몇 명은 암흑의 바다를 표류한 끝에 무사히 살아 돌아왔다. 노인의 외아들만은 살아오지 않았다.

주민들은 "희망을 잃지 마시고 기다리시면 아들은 반드시 살아서 올 것입니다"라고 위안의 말을 했다. 노인은 그날부터 바다를 바라보며 실성하듯이 울부짖었다. "내일이면 사랑하는 아들이 살아서 온다." "암 돌아올 거야." 하며 내일에 모든 희망을 걸고 살았다. 그런데 실종됐던 아들이 10여 년 만에 돌아왔다. 노인은 아들을 붙잡고 한없이 울었으나 전혀 기쁨의 빛이 없었다. "어머니, 제가 돌아왔어요"라고 하며 말했으나 그 어머니는 "내 아들은 내일 돌아온다, 암 꼭 돌아오고 말지. 돌아올 거야!" 하며 계속 내일을 말했다. 노인이 기다린 것은 '아들'이 아니라 '내일'이었다. 그 어머니는 내일의 신기루에 미쳐 버린 것이다.

오늘날에도 내일에 모든 희망을 걸고 현실을 외면하며 살아가는 자가 많이 있다. 현실을 외면한 내일은 신기루 같은 것이다. 내일은 '인생의 마지막 날'에 관한 이름이다. 그래서 오늘 할 일을 내일로 미루는 자는 내일을 위해 오늘을 억압하는 인생이다. 그 인생의 남는 것은 후회뿐이다. 성경에서 "내일 일을 자랑하지 말라 하루 동안에 무슨 일이 일어날는지 아무도 모르니라(잠언 27:1). 라고 말한다.

우리는 내일의 신기루에 우리 인생을 걸지 말자. 인간의 위대한 업적은 반드시 땀과 눈물의 양에 비례한다. 많은 땀을 흘린 자는 그만큼 보상을 받게 된다. 가치 있는 일일수록 희생의 분량도 커지는 법이다. 우리의 주어진 현재 속에 얼만큼 위대한 땀을 흘리고 있는가를 살펴보자.

노동의 축복

노동은 예배라는 안식(쉼), 문화의 향유와 함께 3대 축복 가운데 하나이다. 신(神)은 인간에게 하나님을 향한 종교적 의무를 통해 영혼과 정신의 건강을 주었다. 그리고 문화라는 여유와 여가를 허락하심으로 인간의 질적이고 성숙한 행복을 허락하였다. 더불어 땀 흘리고 열심히 땅을 가꾸며 주어진 일을 감당케 하는 노동을 주심으로 육신의 생명을 영위토록 하였다.

노동은 생명을 향한 축복이며 그 열매는 기쁨과 평안, 그리고 건강이다. 노동은 인간에게 행복을 가져다주는 원천이다. 참된 행복은 돈과 명예로 결정되는 것이 아니라 노동의 결과로 얻게 된다. 그런데도 사람들은 자신에게 주어진 노동을 불평하는 예가 많다. 자신이 행하고 있는 노동이 호랑이 머리를 잡은 것이 아니라 꼬리만을 잡은 것처럼 분주하다고 불평한다. 그러나 그 호랑이 꼬리를 놓으면 보람도 사라지고 인생의 종착역이 가까워진다는 것을 잊고 산다. 노동이 끝날 때 인생의 행복도 끝난다.

캐나다는 노인의 복지시설이 세계에서 가장 잘 되어있는 나라 가운데 하나라고 한다. 노인이 말년에 걱정 없이 살아가도록 모든 시스템이 완벽하게 만들어져 있다. 그러나 죽음이라는 황혼의 시간을 쓸쓸하게 맞이하는 노인이 가장 많은 곳이기도 하다. 직장에서 은퇴한 노인들의 절반이 5년 이내 죽어간다는 것이다. 캐나다 통계청에서 제시한 자료에 의한 죽음의 원인은 편안한 생활이라고 한다. 즉 나태와 무노동, 그리고 과다한 수면이 원인이라는 것이다. 사람은 노동을 멈추는 순간부터 본인의 뇌가 녹슬기 시작하고 서서히 모든 것이 감퇴 된다.

직장에 다닐 때는 오전 7시에 일어나던 사람이 은퇴 후에는 늦잠을 즐기며 긴장의 시간에서 해방된다. 늦잠을 자는 시간이 계속 반복됨으로 나중에는 거의 정오에 눈을 뜨는 습관이 만들어진다. 식사도 하루 세끼에서 두 끼로 줄어들게 된다. 줄어든 식사는 노인들에게 치명적인 영양실조를 가져오게 된다. 영양실조는 노인들을 점점 정신과 육체를 쇠퇴하게 만들며 잠을 취하는 중에 가는 노인들이 많아진다는 것이다.

이러한 것을 막기 위해 캐나다에서는 "새벽을 두드리는" 모임이 생겼다고 한다. 회원들은 매일 아침 독거노인에 전화를 걸어 잠을 깨우고 일어나서 운동할 것을 종용한다는 것이다. 그리고 전화를 받지 않으면 경찰과 119 구급대에 알려 생사를 확인한다. 노동이라는 일손을 놓을 때 사람의 생명 줄이 당겨진다는 것이 확인된 것이다.

　분주하고 많은 일손이 있다는 것은 그 자체가 축복이며 행복이다. 소가 멍에를 풀 때는 곧 도살장 행이라는 짧은 글귀의 진리를 생각하자. 분주할 때는 차분함을 잊어버리지 말고 차분할 때는 또한 분주함을, 수고를 잊어서는 결코 안 된다. 우리에게 주어진 모든 노동은 풍요롭게 하는 원천이요 생명 그 자체이다. 오늘 하루 나에게 주어진 노동을 소중하게 여기자.

욕심

    사람은 생을 살아가며 많은 꿈과 욕심으로 살아간다. 전자는 사람에게 비전과 소망을 가져다주는 것이지만 후자는 심하면 심할수록 죽음에 이르는 것이다. 아무리 선한 목적이라도 지나친 욕심은 사람에게 불행을 가져다준다. 예를 들어 자신이 공부를 잘하려고 하여 몇 개월 동안을 밤을 새운다면 그 청년은 과로로 죽고 만다.

    공부에 대한 지나친 욕심은 건강을 해치고 죽음이라는 무서운 결과를 가져온다. 그래서 성경은 욕심이 잉태한즉 죄를 낳고 죄가 장성한즉 사망을 낳는다고 경고하고 있다.

    욕심은 우상숭배와 동질을 이루는 말이다. 마음에 탐욕으로 가득 찬 사람은 반드시 행동이 탐욕스러운 열매로 나타나게 된다. 그래서 진리가 아닌 것에 자신을 맡기며 살아간다. 그렇게 마음이 허망해지는 것이 우상숭배이다. 그러나 마음을 비우는 사람은 비우는 만큼 자신의 생명과 건강에 좋은 것이다. 톨스토이의 작품에 나오는 농부의 욕심은 이를 설명해 준다.

한 농부가 왕으로부터 토지를 자신이 가지고 싶은 대로 달려가서 소유하라고 명을 받았다. 이에 농부는 이게 웬 복인가 하여 그 땅이 있는 곳으로 달려갔다. 그리고 왕 앞에서 "정말로 내가 말뚝을 박은 대로 저의 땅이 되나요?" 하고 물었다. 이에 왕은 "당신의 마음과 생각대로 경계선을 친 그대로 다 땅을 그대에게 드리리이다. 다만 해가 지기 전에 반드시 돌아와야 만이 땅을 소유할 수 있습니다. 만약 해가 진 다음에 온다면 한 평의 땅도 소유할 수 없습니다."라고 단서를 달았다.

농부는 신이 나서 혼자 중얼거리며 정신없이 뛰면서 말뚝을 박았다. 그리고 "여기는 내 땅이야!" 하면서 계속 들뜬 마음으로 달려갔다. "해가 지기 전에 돌아와야지. 더 많은 땅을 위해서 점심은 굶자!" 하며 계속 달려갔다. "여기도 내 땅 저기도 내 땅! 이 모든 곳이 내 땅이야." 하면서 농부는 싱글벙글하며 계속 달리고 또 달렸다. 조금이라도 더 많은 땅을 소유하기 위해 안간힘을 쓴 것이다.

쉼이 없이 달리던 농부는 점점 힘들고 지치기 시작했지만, 농부는 계속 달려가면서 땅에 말뚝을 박았다. 그러나 얼마 후부터는 점점 의식을 잃어 가기 시작했다. 결국 농부는 석양이 질 때 그만 쓰러져 의식을 잃었다. 그리고 수 분 내에 그는 너무나 흥분한 나머지 그만 심장마비로 죽고 말았다.

끝없는 인간의 탐욕이 그만 그 사람을 죽음으로 이끌고 만 것이다. 탐욕의 종점에는 바로 불행과 사망이 있을 뿐이었다. 현대의 사람들은 자신의 욕심을 정당화하려고 노력한다. 불행의 시작이 이어진 줄을 모르면서 말이다. 특히 인간은 자신의 이익을 위해서는 어떠한 일도 서슴지 않고 한다. 이것이 인간을 슬프게 하는 것이다. 지나친 욕심은 절대로 금하는 것이 지혜로운 것이다.

거울의 지혜

동경(銅鏡), 즉 거울은 인류에게 중요한 필수품이다. 사람은 동경에 비친 모습을 보면서 잘못된 옷맵시를 고치고 아름다운 미적 감각을 유지하곤 했다. 잘못된 모습을 본다는 것은 거울만이 해줄 수 있는 고유의 영역이므로 오랜 기간 사람에게 사랑을 받게 된 것이다.

동경 속에 잘못된 자신의 모습을 고침으로 인해 어렵고 난처한 경우를 해결한다는 것은 여간 다행한 일이 아닐 수 없다. 이같이 동경은 인간의 외모를 바르게 잡아주는 귀한 역할을 한다. 인간은 인생을 살아가면서 이 동경으로부터 세 가지 차원에서 지혜를 얻게 된다. 첫째로 물질적인 동경, 즉 매일같이 보는 거울이다. 이는 사람의 외모를 정확하게 잡아줌으로써 사람의 용모를 갖추게 한다.

둘째로 심경(心鏡)이라는 사람의 양심이다. 인간의 바른 심경은 인간을 좀 더 차원 높게 하는 도덕적이고 윤리적인 거울이다. 물론 사람이 자신의 외모를 동경을 통해 바로잡듯이 자신의 마음과 행동을 양심이라는 심경을 통해 바로 잡는다는 것은 쉬운 일이 아니다.

동양의 성현은 일일삼회반성(一日三會反省)을 하는 사람은 성공적인 인생을 살 수 있다고 했다. 즉 자신을 아침과 정오 그리고 저녁에 반성하고 돌아볼 때 바르고 온전한 삶을 살 수 있다는 것이다. 현대에는 많은 물질주의 사상으로 사람을 외모만으로 판단하는 시대이다. 즉 심경을 통해 자신을 살피고 자신을 돌이키려는 것이 희미해진 시대이며 심경의 가치 판단이 흐려진 관계로 양심이 마비되어 거짓과 술수와 이기주의가 악의 열매로 나타나게 된 것이다.

심경(양심)은 하나님이 인간에게만 주셨던 고유한 영역이며 하나님의 형상을 따라 만들어진 것이다. 양심이 바른 사람은 항상 정직하며 거짓말을 하지 않으며 얼굴에 희색이 나타난다. 반면에 부정직하고 거짓말을 하는 자는 항상 얼굴에 긴장과 두려움이 나타나 부정적인 모습이 나타나게 된다.

중국 고사에 나오는 이야기이다. 중국의 관원들은 죄인을 문초하고자 특히 사기꾼들을 문초하고자 할 때 한 방법을 쓴다고 한다. 즉 찹쌀을 씹게 하여 그 찹쌀에 침이 묻어나오면 정직한 자이며 그 반대일 때는 거짓을 말한다고 정한다고 한다. 그 이유는 거짓을 말한 자는 마음이 긴장되고 바싹 탐으로써 침이 마른다는 것이다.

사람의 양심이 정직하고 바르면 항상 두려울 것이 없는 법이다. 심경을 바르게 한 자는 그의 인생을 성공으로 마무리하게 된다. 그러나 심경의 지혜를 모르는 자는 인생이 고달프고 힘든 것이다.

마지막은 사경(史鏡)을 보는 지혜이다. 사경은 지나간 역사의 자취를 잘 새겨보아 자신과 시대를 비추는 지혜이다. 정치인들의 언행이 연일 오르내리고 있다. 이는 사경을 잘 보지 못했기 때문이다. 사경을 잘 볼 줄 아는 자는 미래의 인생을 내다볼 수 있다. 자신을 동경, 심경, 사경 안에 잘 비추어 보는 지혜를 얻음으로 인생을 더욱 풍요롭게 가꾸어 나가 보자.

탐욕(貪慾)

탐욕은 사물과 대상에 대해서 지나치게 탐내는 마음 욕심을 말한다. 탐욕은 인간의 깊은 내면에 속해 있으면서 인간들을 괴롭히는 욕심의 뿌리이다. 영어문화권에서는 탐욕을 'voracity'라고 하여 '마음이 욕심으로 가득하다'라는 말로 마음속에 자리한 일그러진 욕심을 일컫는다.

불교 철학의 지혜를 빌리면 탐욕은 삼구(三垢) 중에 하나라고 하여 인간에게 있어서는 절대로 없어야 하는 것을 말한다. 삼구(三垢)는 인간의 마음속에 있는 세 가지 번뇌 중에 하나라는 뜻인데 첫째는 탐욕(貪慾)이요 둘째는 진욕(瞋慾)이요 셋째는 치욕(痴慾)이라 하여 인간을 괴롭히는 세 가지 독(毒)이라고 한다. 이러한 것은 인간에게 있어서 절대적으로 무익한 것이요 사람의 됨됨을 망친다는 것이다.

성경에서는 탐욕을 탐심(貪心)이라 하며 탐심은 곧 우상숭배라고 말한다. 탐심은 현저한 육체로부터 시작되는 욕심을 말한다. 즉 음행, 더러운 것, 호색함. 술수, 원수 맺는 것, 분쟁과 시기와 질투 그리고 당 짓는 것과 분리함과 이단과 투기와 술 취함과 방탕함이라 하여 이것은 마귀의 속성으로 온 것임을 지적한다. 탐욕은 철저하게 인간을 파괴하는 것이며 심하면 죽음이라는 결과를 가져오게 된다.

인간의 참모습은 이러한 탐욕과의 관계가 아니라 신(하나님)과의 관계를 지니는 것이다. 즉 하나님은 인간에게 참 본연의 모습을 자신의 형상대로 주셨는데 인간은 그것까지 버리며 탐욕으로 얼룩지고 만 것이다.

이와 관련하여 재미난 황금알을 낳는 거위 이야기가 있다. 매일 하나씩 황금알을 낳아주자 그 주인은 탐욕이 가득하여 단번에 많은 황금알을 얻고자 한다. 그리하여 거위의 배를 단번에 갈라보니 황금알은 없고 똥으로 가득 찬 창자를 보고 대단히 실망하며 그나마 하루에 하나씩 얻는 알을 얻지 못하게 되고 소중한 거위만을 잃어버리고 만다. 안타까운 일이다.

인간의 한없는 탐욕은 자신만을 망치는 것이 아니라 소중한 거위 즉 자신에게 행복을 가져다주는 기회까지도 잃어버리고 만 것이다. 상추를 뜯을 때 잎만 뜯어야 그 다음을 기약할 수 있지 그 뿌리까지 칼을 대서는 아니 된다는 것이다. 탐욕은 행복의 기회를 망치는 불행의 시초이며 삶의 곤고함을 가져다줄 뿐이다.

사람은 모두가 행복을 원하며 그 행복이 계속 지속되기를 원한다. 그 행복을 지속하기를 원한다면 삶의 근원이며 뿌리인 하나님을 바라보는 순수한 마음이 절대적으로 필요하다. 사는 것이 너무나 분주해서 하나님과의 기도, 묵상을 통한 행복의 뿌리를 잃어버린 채 자신의 욕심과 자신의 시간만을 채우는 삶은 어리석은 것이다.

이는 행복의 기회를 불행의 기회로 가져가는 욕심일 뿐이다. 욕심으로 가득 찬 탐욕은 거위의 배를 가르는 것 즉 성공과 행복의 기회를 송두리째 잃어버리는 것과 동일하다. 주어진 행복을 계속 유지하는 방법은 탐욕을 버리고 전능하신 하나님과의 본연의 관계를 가지는 것이다. 탐욕을 버리는 마음을 가져보자.

봉사

봉사(奉仕)는 사람이나 신(神)의 뜻을 받들어 몸과 마음을 다해 섬기는(serve) 행위이다. 국가나 어려운 사람, 즉 장애인이나 병약자를 위하여 아무런 대가를 바라지 않고 헌신적으로 돌보는 일이다. 봉사는 작은 사랑에서 출발하는 거룩한 행위이다.

작은 사랑의 거룩한 행위가 길거리에서 이루어지고 있는 예시가 있다. 바로 구세군의 자선냄비이다. 자선냄비에 담긴 금액은 모두 불우한 이웃을 돕는 데 쓰인다. 얼마나 아름다운 일인가! 베풂과 조건 없는 봉사의 상징으로 자리매김한 구세군 냄비는 우리 사회에 필요한 이웃 사랑의 시작을 알리는 역할을 한다.

불쌍한 자를 돌아보고 관심을 갖는 것은 여호와께 복을 받을 수 있는 채권이다. "가난한 자를 불쌍히 여기는 것은 여호와께 꾸이는 것이니 그 선행을 갚아주시리라"(잠언19:17)라고 성경은 약속한다. 베풂과 은밀한 봉사는 후에 천국에서 많은 것으로 보상받는 것이지만 이승에서도 반드시 축복을 받는 도구이다.

구세군의 창시자인 윌리엄 부스(William Booth)는 매우 병약한 사람이었다고 한다. 그가 청년기(23세)에 병원을 찾았을 때 의사는 말하기를 "이런 몸 상태로 계속 과로하면 당신은 1년을 넘기기가 어려울 겁니다"라는 매우 충격적인 말을 들었다고 한다.

그러나 그는 그 말에 크게 위축되지 않고 믿음을 가지고 대신 규칙적인 생활을 했다. 더불어 사회에서 헐벗고 소외된 자를 찾아가 빨래와 목욕이라는 육체적인 봉사활동에 많은 시간을 보냈다. 그리고 해마다 성탄절이 되면 자선냄비를 거리에 두고서 모금 운동을 해서 가난한 자들을 찾아가 위로하고 보살폈다. 구세군의 자선냄비는 여기에서 유래한 것이다. 부스는 신앙심으로 봉사와 베풂의 생활을 하는 동안 주위의 우려를 말끔히 씻어내고 83세까지 장수하는 건강의 은총을 받았다. 부스가 받은 건강의 은총은 우연한 산물이 아니라 절대적인 하나님의 간섭과 축복 속에 이루어진 것이다.

그의 아들 부럼엘 부스(Bramwell Booth)도 아버지처럼 연약하여 누구의 도움 없이는 계단을 오를 수 없는 병약한 처지였다. 주위 사람들은 그가 20세를 넘기기 어려울 것이라고 말했다. 그러나 그도 아버지처럼 소외되고 가난한 자들을 위해 헌신적인 봉사를 했다. 부럼엘 부스도 주위의 예상을 뒤엎고 73세라는 열정적인 삶을 살다가 하늘의 부름을 받았다고 한다. 이들 부자의 특성은 연약하여 곧 죽으리라는 예상을 깨고 장수(長壽)의 은총을 받은 것이다. 이들 부자의 장수는 봉사와 베풂이라는 신성한 노동의 대가와 하나님의 축복이었다.

노동은 '장수'와 '건강'을 선물한다고 한다. 맞는 말이다. 자신을 위한 노동은 행복을 가져다주는 미래의 약속이며 그 자체가 행복이다. 그러나 남을 위한 육체적인 봉사는 신성한 노동이다. 그 노동은 아름다울 뿐만 아니라 건강과 축복이라는 것을 기억하자.

어떤 철학자는 빌어먹을 힘만 있어도 은총이라고 했다. 바른 정신과 건강한 사지(四肢)를 가진 자신을 감사하자. 자신을 위해 그리고 이웃과 민족을 위해 봉사(노동)할 수 있는 현실이 있다면 기꺼이 순응하자. 봉사는 신의 축복이며 위대한 은총이다. 구세군의 자선냄비처럼 살맛 나는 아름다운 그리스도의 계절이 되도록 노력하자.

향기로운 자

향기는 향(香)이 기(氣)로 발산되어 날아다니는 향의 냄새를 말한다. 그 향은 식물의 꽃이나 동물의 뿔 등에서 나온다. 특히 식물이나 꽃에서 나는 향은 벌이나 꿀을 유혹하여 모이게 한다. 이는 식물들이 자신들의 종족보존을 위해 만들어 내는 것으로, 이 향기는 주저함이나 아낌이 없이 내뿜는 것이다. 서로가 상부상조하는 자연의 섭리라고 할까? 자연에서 발산되는 향기는 생명과 질서를 주는 활력이며 원동력이다.

식물에게 향기가 있듯이 사람에게도 향기가 있다. 사람에게 나타나는 향기는 냄새 같은 물질이 아니다. 물론 사람들은 향료를 쓰며 바르고 있지만 이는 사람에게 있는 향기가 아니다. 사람에게서 나타나는 향기는 풍기는 냄새가 아니라 그 사람의 인격 됨됨이라는 품격이다. 그 품격이 아름다울 때 사람에게 향기가 있는 것이다.

셰익스피어는 이렇게 말했다. "꽃이 싱싱할 때 향기가 신선하듯이 사람도 그 마음이 맑고 고운 품격을 가지고 있을 때 최고의 향기를 낸다. 그러나 꽃이 시들 때 향기를 보전하기 어려운 것처럼 사람의 마음이 맑지 못하고 품격이 온전하지 못할 때 그 향은 썩은 냄새로 진동한다. 이는 마치 썩은 백합꽃이 살아있는 잡초보다 오히려 그 냄새가 고약한 것과 같은 것이다."

사람이 살아있다고 해서 사람이 아니다. 썩은 백합이 고약한 냄새를 풍기듯이 사람다운 언행(言行)을 하지 못한 사람의 향은 썩은 백합보다 더한 냄새를 풍긴다. 사람의 향을 나타내는 가장 기초적인 것은 바로 적절한 언행이다. 필요이상의 말이나 책임지지 못할 말을 남발하여 그 책임을 감당하지 못한 사람은 사람으로서 본분을 망각한 자이다.

논어에 "수거불부회(水去不復回)요 언출방갱수(言出放更水)니, 남아일언중천금(男兒一言重千金)이다. 또한 인지과실(人之過失)은 다유언어(多有言語)니, 언필충신(言必忠信)하고 발필이시(發必以時)하라."

그 뜻을 풀어보면 "한번 흘러가는 물을 주워 담기 힘들 듯이 한번 말한 말은 다시 거두어들이기 어렵다. 그래서 남아가 말을 할 때는 무거운 금처럼 할 것이다. 사람의 과실은 말을 많이 함으로써 오는 것이니 말을 할 때는 정성스럽게 하고 때를 잘 알아 말하라"는 것이다. 말에 실수가 없는 자는 그 행동이 아름다운 열매로 이어지는 것이다.

맹자는 "군자는 회인지심(懷仁之心)하고 위의지행(爲義之行)하여 충임지사(忠任之事)니" 했다. 그 뜻은 어진 마음을 갖고 행동은 바르고 의롭게 하며 주어진 일에 최선을 다하는 자이다"라고 했다.

적당하고 책임감 있는 언행은 그 품격이 아름다운 향기이다. 이는 백합이나 장미의 향보다도 진한 것이다. 그래서 사람은 꽃보다 더 아름다운 존재인 것이다.

사람의 본분(本分)

동물로 태어나서 사는 것을 축생(畜生)이라고 한다면 사람으로 태어나서 살아가는 것을 인생(人生)이라고 한다. 그 인생은 사람으로서 사람의 본분(도리,道理)을 지키며 살아가는 것이다. 모든 사람은 나름대로 목적의식을 갖고 살아간다. 그 목적의식이 없이 산다는 것은 축생이나 다름없다.

우리 인생의 목적이 무엇일까? 기독교의 교리집에 있는 소요리 문답 제1문에는 사람의 사는 목적이 무엇이뇨? 라고 물음에 다음과 같이 대답한다. '사람이 사는 목적은 하나님을 기쁘게 하며 영원토록 영화롭게 하는 것이다.'라고 한다.

하나님을 영화롭고 기쁘게 한다는 것의 구체적인 것은 첫 번째로 영천익인(榮天益人)이다. 이는 신(神)을 영화롭게 하고 사람에게 이익을 주는 사람이다. 두 번째로 회애지심(懷愛之心)으로 사랑의 마음을 품고 사는 것이다. 세 번째는 위의지행(爲義之行)으로 행동에 있어서는 의로워야 하며, 네 번째로 충임지사

(忠任之事)이다. 이는 맡은 일에는 죽도록 충성을 하는 것이다.

한마디로 말하면 사람의 도리를 다하며 사는 것이다. 즉 사람이 지켜나가며 이행해야 할 도리를 이행할 때 창조자이신 하나님이 기뻐하시는 것이다. 다시 말해 자녀가 자녀의 도리를 다할 때 부모가 기뻐한다. 이것을 효도라고 한다.

인간의 도리는 어려서부터 배운다고 한다. 엄마가 3살 난 어린아이에게 '자 아가야 도리도리하자' 하고 외치면 아가는 그대로 엄마를 따라 '도리도리' 하며 즐거워한다. 이 어린 시절에 도리도리를 잘하는 사람은 장성해서도 사람의 도리를 잘한다는 것이다.

어린 시절에 엄마가 '도리도리'를 잘못하는 아이에게 '얘, 도리도리도 못하니!' 하면서 야단을 치면 아이는 장성한 후에도 도리를 다하지 못한다고 한다. 상당히 일리 있는 말이다. 옛 속담에 '될 나무는 떡잎부터 보면 안다.' 했다. 또 '세 살 버릇 여든까지 간다.' 말이 있듯이 어려서부터 인간의 도리를 공부하지 않으면 성장한 후에도 도리를 망각하는 것이다.

인간의 도리는 멀리 있는 것이 아니다. 가장 작은 것부터 이행하는 것이 도리를 행하는 것이다. "군군신신부부형형제제(君君臣臣夫婦兄兄第第)"라는 고사성어가 있다. 즉 임금이 임금도리를, 신하가 신하도리를, 부부가 부부도리를, 형제가 형제도리를 다할 때 자신의 주어진 본분을 지켜내게 된다는 뜻이다. 이것이 바로 인간의 참다운 본분이며, 이러한 도리를 다할 때 창조주 하나님을 기쁘게 하는 것이며 영화롭게 하는 것이다.

우리의 본분을 지키는 성숙한 인격자가 되자.